EDITION

HERDER

DIE GESCHICHTEN DES RABBI NACHMAN

Nacherzählt von
Martin Buber

Herder Freiburg · Basel · Wien

Edition Herder
Erste Auflage 1992

Reproduktionen: Scan-Studio Hofmann GmbH, Freiburg
Herstellung: Freiburger Graphische Betriebe 1992
ISBN 3-451-22674-X

Inhalt

DIE STARKE (deiner Wunderkraft)

Die Geschichte vom Stier und dem Widder

In fernem Lande und zu einer fernen Zeit regierte ein König, der gab eines Tages einen Erlaß, daß alle Juden, die auf seines Reiches Erde und unter seines Schwertes Schutz lebten, die Taufe empfangen und seinem Bekenntnis sich bequemen müßten, und daß die, so sich weigerten, von dannen zu ziehen und Heimat und Gut zu verlassen hätten. Viele waren es, denen der Glaube einzig Vaterland und Besitz war: die flohen in alle Weiten. Andere wollten die Saat, die sie gesät hatten, reifen sehen und mochten ihre Kleinode nicht im Gürtel bergen: die blieben übrig und beugten sich zum Scheine, und äußerlich übten sie eines fremden Glaubens verhaßte Gepflogenheiten. Hinter sicheren Mauern und festem Riegel aber hingen sie den Bräuchen ihrer alten Lehre an und blieben, wenn auch heimlich, Juden wie zuvor.

Der König starb, und nach ihm trug sein Sohn die Krone. Dieser hielt seine Vasallen mit strenger Faust nieder und zwang fremde Reiche in den Bann seiner Waffen. Die Fürsten jenes Landes aber, auf denen seine Härte schwer lastete, empörten sich im geheimen wider ihn und beschlossen, ihn zu ermorden.

Unter ihnen jedoch war einer von jenen Juden, die nur zum Scheine die Fessel eines fremden Glaubens trugen, der sagte sich: „Um meiner Güter willen, an denen mein Herz hängt, scheut mein Bekenntnis das Sonnenlicht. Was wird mit diesen Gütern geschehen, wenn kein König im Reiche ist, der Sitte und Gesetz aufrecht hält? Wie die wilden Tiere werden die Menschen übereinander herfallen, und der Gewaltige wird den Besitz des Verzagten an sich reißen. Zu meinem eigenen Frommen ist es, daß ich hingehe und den König warne." Und er ging hin und tat so.

Der König hörte ihn an und ließ alsdann die Wahrheit seiner Worte prüfen, und es zeigte sich, daß sie gerecht waren.

Um die Zeit, da die Verschwörer sich einschleichen wollten, stürzten sich verborgene Häscher auf sie und brachten sie bezwungen und gefesselt vor den König. Der ließ jedem seinen Spruch nach dem Maße seiner Schuld zuteil werden. Seinen Retter aber sprach er also an: „Wie mag ich dir lohnen? Ein Fürstentum kann ich dir nicht bieten, denn du besitzest es bereits, und welches Kleinod überstrahlte die Fülle der deinen? Laß mich den Wunsch wissen, der in deinem Herzen zutiefst ruht, und sei der Erfüllung gewiß."

Da erwiderte der Fürst: „Laß mich Jude sein vor aller Welt und meine Gebräuche im Lichte üben. Gewähre mir, daß ich ohne Scheu Mantel und Riemen zum Gebete legen darf." Bei dieser Rede erstarb die Seele des Königs in Bitterkeit, denn er haßte den Glauben der Juden. Aber von seinem eigenen Worte, das er gegeben hatte, bezwungen, gestand er widerwillige Gewährung zu.

Der König verschied, und sein Sohn erbte das Reich. Aus dem Schicksal seines Vaters war ihm die Erkenntnis gestiegen, daß es gut sei, das Land in Milde zu führen, und so wurde er ein gütiger und sanftmütiger Herr. Zuweilen gedachte er der Gefahr, die seines Vaters Leben bedroht hatte, und dann erfüllte ihn tagelang Bangigkeit um die Dauer seines Stammes.

In einer solchen Zeit ließ er die Sterndeuter rufen und befahl ihnen, in den schimmernden Himmelszeichen zu lesen, was seinem Geschlechte vorbestimmt sei und welche Fährnisse ihm drohten. Die Magier fanden nur zwei Zeichen übler Deutung, zwei Tiere, Stier und Widder: vor diesen möge er sich hüten, kein anderes Wesen könne ihm Verderben bringen. Der König ließ den Schicksalsspruch im Buche der Erinnerungen eintragen, ermahnte seinen Sohn, gleich ihm milde zu regieren, und starb bald darauf.

Der ihm auf dem Throne folgte, war wie seine Ahnen von jäher und heftiger Gemütsart, gönnte den Waffen keine Ruhe und schlichtete Händel lieber mit Gewalt als mit Worten. Als er in der Chronik von den beiden Tieren las, die seinem Hause mit Verderben drohten, dünkte es ihm gar einfach, die Gefahr zu beseitigen. Er verbot bei Todesgefahr, daß Stier oder Widder im Lande gehalten würden, und von nun an kannte er keine Furcht. Er unterdrückte seine Untertanen und verlachte ihre Zorn und Rachegedanken, da er nun wußte, daß keine Verschwörung seinem Geschlecht etwas anhaben konnte.

Er liebte es aber, in alten Zauberbüchern nachzule-

Joseph
Balaam
Josaphat
David
abraham
Ezechiel
Aaron

sen, um dort verborgene Weisheit zu finden, durch die er seine Macht befestigen und erweitern könnte. Da fand er eines Tages eine Stelle, in der geschrieben stand: „Sieben Wandelsterne bestrahlen die sieben Teile der Erde, und jeder Teil birgt sein besonderes Erz, das die Strahlen seines Sternes an sich zieht. Wer da Boten hinsendet und aus den sieben Teilen der Erde die sieben Erze sich bringen läßt und einen erzenen Riesen aus ihnen bauen läßt und ihn auf einem hohen Berge aufstellt, so daß die sieben Wandelsterne ihr Licht auf ihn gießen, der kann durch dieses Bild die Weisheit der Gestirne, die über der Erde wandeln, an sich locken, nie erhörte Macht gewinnen und die Welt beherrschen. Denn auf jede Frage, die er an den Riesen richtet, wird ihm die Antwort der Sterne durch das Leuchten der Erze in geheimen Zeichen kund."

Der König ließ das Standbild auf einem hohen Berge errichten, und als das geschehen war, bestieg er heimlich in tiefer Nacht den Berg und richtete an den Riesen die Frage, wie er die größte Macht auf Erden gewinnen könnte. Da begannen die Erze geheimnisvoll zu schimmern, wunderbare Zeichen erschienen, und er vermochte sie auf rätselhafte Weise zu entziffern. Der Sinn aber war dieser: er möge hingehen, die Hohen erniedrigen und die Niedrigen erheben, dann werde er alle Menschen beherrschen.

Der König stieg zu Tal, suchte noch in der Morgenfrühe den weisesten Mann seines Landes auf, verriet ihm den Spruch der Sterne und bat ihn um Deutung, wie er ihn zur Tat werden lasse.

Der Weise antwortete ihm: „Jenen deiner Untertanen, die ohne Verdienst Würden und Ämter, ohne Rechtlichkeit Besitz, ohne Edelsinn adelige Namen ihr Eigen nennen, nimm, was ihnen nicht zukommt und in ihren Händen zu Unheil gereicht, und gib es denen, die ohne Schuld Unbill erleiden und ungeachtet ihres Wertes im Dunkel leben. So gedenke auch der Juden, die durch deine Ahnen der Heimat beraubt wurden oder ihren Glauben verleugnen mußten; öffne ihnen dein Land und gewähre ihnen, frei ihre Lehre zu bekennen."

Dem König gefiel der Rat wohl, die Reichen und Hohen, die Mächtigen seines Reiches, ihres Besitzes und ihrer Würde zu entkleiden, auch dünkte dies ihm wohl ein Weg zur Macht. Befremdlich aber gar und töricht schien ihm die Weisung, den Unterdrückten Gut und Gewalt zu verleihen; wie leicht konnten ihm an ihnen heftige Widersacher entstehen, die alsdann, wenn sie stark geworden, vielleicht die Umstände günstig fanden, für das alte Unrecht an ihm Rache zu üben.

So kehrte er zu seinem Palaste zurück, entschlossen, den Spruch nach seinem Sinne zu wenden. Er ließ sich die Bücher des Reiches aufschlagen und er sah, was an Lehen und Ehrenbezeugungen, an Rechten und Titeln seine Ahnen den vornehmen Geschlechtern gespendet hatten. All das hieß er in der Krone Namen zurückziehen, und wo Widerstand sich regte, gebot er, mit Gewalt ihn zu brechen. Da wurde mancher Stolze arm und der Ehren verlustig.

Unter den Namen aber, die in den Büchern aufgezeichnet standen, als die von Männern, die Vorzüge und Auszeichnungen genossen, fand sich auch der jenes Juden, der dem Großvater das Leben gerettet hatte. Der König vermochte sich nicht völlig klar zu werden, worin das Privileg dieses Mannes bestand, und so ließ er ihn kommen und fragte ihn danach.

Da sprach der Alte: „Mein Lohn ist, daß ich mich als Jude bekennen darf vor aller Welt.“ „So hast du des Lohnes bis heute reichlich genossen“, rief der König, „ich entziehe ihn dir und du magst leben wie zuvor.“ Da wandte sich der Jude zum Gehen. Vor dem Palast aber hob er die Hand und sprach vor sich hin: „So wahr Gott sich erbarmen möge, daß ich von nun ab Mantel und Riemen wieder im Dunkel und hinter verschlossenen Türen tragen muß, sollst du mir, harter König, mit deinem Geschlecht verflucht sein.“

Nach einiger Zeit fügte es sich, daß eines Nachts ein schwerer Traum den König überkam. Er stand, so schien es ihm, auf einer weiten Ebene. Die Nacht barg alles Irdische in einer schwarzen samtenen Luft. In unendlicher Höhe aber wölbte sich wie eine Glocke ein völlig lauterer Himmel, und darauf standen, silberfunkelnd und Gestalten gleich, alle zwölf Bilder des Tierkreises. Zwei von ihnen, Stier und Widder, dünkten ihm heller als

die anderen, und blau blitzend schienen ihre Strahlen ihn zu treffen. Er sammelte seine Blicke auf sie, und siehe, da begannen sie lautlos zu lachen, daß ihm das Blut gefror. Und dieses stumme Lachen wurde zu einem grauenvollen Grinsen. Von Wahnwitz ergriffen, stürzte der König in sich zusammen.

Da erwachte er. Die Furcht aber hielt mit eisernen Pranken sein Herz umklammert, und als er den Traum der Königin und seinen Kindern erzählte, erfaßte sie alle das Grauen, und keiner war unter ihnen, der nicht der alten Warnung gedacht hätte, die in den Chroniken verzeichnet stand: daß das Geschlecht gegen alle Mächte des Verderbens gefeit sei und einzig von zwei Tieren, Stier und Widder, ihm Untergang drohe.

Läufer wurden entsandt und brachten alle Traumdeuter des Reiches herbei. Aber keiner war unter ihnen, der den Sinn des Gesichtes erfaßte, und keines Rede ging in des Königs Ohr ein. Mit zorniger Gebärde wies er sie von hinnen und sandte nach dem alten Weisen, der ihm einst den Spruch des erzenen Riesen gedeutet hatte. Der König erzählte ihm den Traum und sprach: „Rette mich, denn die Pein der Furcht hat meine Seele ergriffen und droht sie zu ersticken.“

Da sprach der Weise: „Ich will dich hinführen, wo alle Angst der Erde zunichte wird. Ich kenne aus alten Büchern den Ort, den einzig auf der Welt alle dreihundertfünfundsechzig Wandelfahrten der Sonne bestrahlen. Dort wächst aus dem Kern der Erde, von ewigem Lichte gezogen, ein eherner Stamm hervor, der alle Not der Oberfläche und des Dunkels bannt. Dorthin folge mir mit den Deinen." Der König willigte mit Freuden ein, und alsbald waren er und sein ganzes Haus zur Wanderschaft gerüstet.

Der Weise leitete sie des Weges, und weithin waren sie schon vorgezogen, da gelangten sie zu einem Ort, von dem viele Pfade ausgingen, und an der Wende stand die gewaltige Erscheinung eines Engels, der Wächter war über alle Engel des Zornes. Denn jeder irdische Zorn schafft nach dem Urwillen einen Verderber, einen Engel des Zornes, und er, der hier an der Wegscheide stand, war ihr Beherrscher. Er trug eine stählerne Rüstung, blaue Blitze entquollen seinen Augen, und eine mächtige Flamme war das Schwert in seiner Hand. Bebend unterwarfen sich die Wanderer seiner Weisung, wohin sie zu ziehen hätten. Mit einem Feuerzucken hub er sein Schwert über einen der Pfade hin, und diesen wandelten sie.

Dem Weisen aber war es kund aus dem Buch seiner Ahnen, daß jedem der Wege Bedeutung verliehen war. Der eine war gerade und wohltätig und führte zu dem Orte des ewigen Lichtes, der andere war schlüpfrig, von kriechendem Gewürm durchquert, und leitete zu einem urgründigen Schlamm, ein dritter mit schreckenvollen Gruben und Höhlen mündete in einen Abgrund, der letzte aber voll sengender Qualen war der Weg des Feuers.

Dieser war der Weg, den sie auf das Geheiß des Engels

gingen. Ahnende Bangnis überkam den Weisen, und er war nur eine kurze Strecke gegangen, da hielt er inne, denn schon wähnte er, daß glühende Lüfte seine Kehle ausdörrten, und er erinnerte sich, daß es einen Weg gibt, der in die raumlose Glut führt, und daß vier Meilen vor ihrem Anfang schon das Feuer den Wanderer versengt. Und als sie noch eine Weile gegangen waren, erblickte er in der Ferne ein rotes Meer, das züngelnd zum Himmel loderte, und eingeschlossen in seinem Flutenbrand wie in einem blutigen Kristall einen Zug von Königen in den Trachten ferner und nie gesehener Völker; ihre Reihe wurde geleitet von uralten Juden, die in ihre Gebetsmäntel gehüllt waren und Stirn und Arm mit den heiligen Riemen umschlungen hatten.

Der Weise wandte sich voller Entsetzen und forderte den König und sein Geschlecht zur Umkehr auf. Der König aber erwehrte sich des Rates, denn in Verblendung gedachte er gleich jenen Gekrönten ungefährdet durch die Glut zu gelangen. Er war aber mit den Seinen nur ein weniges vorwärts gedrungen, da tat sich gierig der Flammenschoß auf und begrub sie alle in sich.

Der Weise jedoch hatte an seinem Orte verharrt und sah sie untergehen. Dann kehrte er um und ging den Weg zurück, und der Engel hatte sein Schwert in die Erde gebohrt und ließ ihn starr und schweigend vorüberziehen.

Als der Weise in das Reich zurückkam, erzählte er allem Volk, das sich um ihn sammelte, welcher Untergang dem König und seinem Geschlecht beschieden war. Da wuchs ein großes Staunen in der Menge, denn alle kannten die Prophezeihung, nach der dem Königshaus durch einen Stier und einen Widder die Vernichtung verheißen war, und keiner vermochte den Ausgang zu deuten.

Da erhob sich der alte Jude, der in Heimlichkeit seinen Glauben hatte pflegen müssen, und er sprach: „Durch mich ist er vernichtet worden. Die Sternseher sahen und wußten nicht, was sie sahen. Ihr aber, wisset: aus dem Fell des Stieres werden die Gebetsriemen geschnitten, und aus der Wolle des Widders werden die Schaufäden gesponnen, die an dem Gebetsmantel hängen. Darum haben Stier und Widder unter den Sternen, von meinem Fluche angerufen, seines Verderbens gewiß, ihn verhöhnt. Jene Könige aber, die von den alten Juden unversehrt durch das Feuer geleitet wurden, waren solche, in deren Ländern Juden ohne Harm und Hader leben konnten und Gebetsmantel und Gebetsriemen in Freiheit tragen durften."

GEPRIESEN (seist du, Herr unser Gott)

DIE GESCHICHTE VOM RABBI UND SEINEM SOHNE

Es war einmal ein Rabbi, der hatte sein Leben der Thora dargebracht. All seinen Geist hatte er angewandt, sie zu durchforschen, und mit all seinem Willen hütete er die Gebote, daß sie bis ins kleinste geachtet würden in der Gemeinde.

Als ihm in späteren Jahren der einzige Sohn geboren wurde, schien ihm dies ein Lohn und eine Zustimmung Gottes. Es war ihm, als ob ihm von oben eine Bestätigung seines Weges zuteil würde, und er schwor sich, all seine Tage, die ihm noch blieben, darauf zu schauen, daß sein Sohn gleich ihm mit strengen Gedanken in die Tiefen der Lehre eindringe und nicht um eines Haares Breite von des Gesetzes letzter und kleinster Forderung abweiche; daß er gleich ihm bitter Feind sei jenen Schwärmern, die die erhabenen Worte mit einem Gaukeltanz bunten Weltkrams umwinden, die es wagen, ihre schweifenden Träume an die urewige ernste Macht der Thora zu knüpfen und das unstete Herz da spielen zu lassen, wo nur der stählerne Gedanke walten darf.

Der Sohn wuchs heran und ward groß in der Weisheit der heiligen Bücher. Er hatte im Hause seines Vaters ein Stübchen, darin er zu weilen und sich mit gesammelten Sinnen in die Geheimnisse der Schrift zu versenken pflegte. Aber seine Seele konnte über den Büchern nicht verharren, und sein Blick hielt sich nicht auf der unendlichen Fläche der kleinen starren Lettern, sondern glitt immer wieder hinaus über die gelbe Flut der Ähren hin und bis zu dem dunklen Striche der fernen Tannenwälder. Und mit seinem Blicke glitt seine Seele hinaus und wiegte sich in der stillen Luft, scheu wie ein junger Vogel. Doch er zwang immer wieder Auge und Herz zurück in die enge Haft, denn er wollte wissen, und das Wissen war ja in den Büchern. Aber hielt er auch den Kopf mit beiden Händen über die zeichenbedeckten Blätter geneigt, so ließ sich die Seele doch nicht bannen. Und konnte sie sich an der Fülle da draußen vor dem Fenster nicht nähren, so schaute sie innig und heiß in sich selber, über wunderbare Saaten hin und zu geheimnisvollen Himmelsstrichen, die in ein unbekanntes Land hinüberblauten.

Dennoch wuchs das Lernen in ihm, und er wurde stark im Erkennen; aber nicht aus dem Gewirr der Worte vor ihm strömte ihm die Weisheit zu, sondern aus ihm selbst, von seltsamer Wärme getrieben, sproßte sie auf und umfaßte seine Seele mit mächtigem Gezweige. Zur gleichen Zeit wurde jene schrankenlose Kraft des Wesens groß in ihm, die Heiligkeit heißt; und was er sprach, war lauter wie Kristall, und was er tat, geweiht; und wenn er durch sein Stübchen schritt, war es ihm, als wandelte er auf den Wogen eines einsamen Meeres.

Weisheit und Heiligkeit aber vermählen sich zu jener tiefen und unbegreiflichen Wandlung, die die Stufe des kleinen Lichtes genannt wird und von einer Zeit zur andern in einer einzigen Seele erscheint und dahingeht;

dieses war die Stufe, zu der der Jüngling erhoben wurde, ohne es zu ahnen.

Aber wie einer, der sich unwissend wähnt, dieweil er im Innern die Welt umfängt, so glaubte er, um der Wahrheit willen auch fernerhin die Schriften durchforschen und ihrer dumpfen Stimme lauschen zu müssen, wiewohl ihm die letzten Dinge also vor den Augen standen wie die stille Lampe, die seiner Arbeit leuchtete. Aber wie er nur den Büchern nahte, war ihm, als trete er in eine Leere, ein rätselhafter Mangel legte sich schwer auf ihn, und er fühlte sich verlassen im Grenzenlosen.

So kehrte er von der Rede des toten Mundes immer wieder zu sich selbst zurück und gab sich den Ver-

zückungen des großen Schweigens hin. Aber auch sie gewährten ihm den Frieden nicht, nach dem er verlangte, wie die ungeborenen Seelen nach dem Leben der Erde; und ihre selige Pein spannte ihn an, wie man einen Bogen spannt, den Pfeil in die Ferne zu entsenden, und nicht wie man eine Leier spannt, zu holdem Zusammenklingen. Auch in der höchsten Erfüllung fehlte ihm etwas, und er wußte nicht, was das sei; auch in der gnadenvollen Stunde des Schauens schlug eine Bangigkeit in ihm, für die er keinen Namen hatte.

Er wagte nicht, davon zu sprechen, es war allzu gewaltig, und wenn er es versuchte, sagte das Wort, das auf seine Lippen kam, schon anderes, als ihm in der Seele geschah. Von allen Menschen aber hielt er sich nur zu den Chassidim, zu jenen Schwärmern und Phantasten, die seinem Vater, dem Rabbi, so bitter verhaßt waren. Denn er fühlte, daß in ihrer Art, so wild und unbändig sie war, etwas von dem lebendig sein mochte, was durch seine Träume ging.

Sein Vater zürnte ihm deswegen, aber er konnte den Verkehr nicht lassen. Und so war er einmal mit zweien von jenen, zwei Jünglingen, beisammen. Da stärkte er sein Herz zum Reden und rang mit den Worten, bis sie ihm gehorchten, und erzählte den beiden, wie ihn ein Mangel quäle und und wie er verschmachte nach einem Unnennbaren.

Da sprachen sie zu ihm: „Es gibt nur Einen, der dir zu helfen vermag. Das ist der große Zaddik, der eine Tagereise von hier wohnt. Denn ihm ist die Kraft gegeben, die Seelen frei zu machen. Er geht durch die Reihen der Menschen, und von dem Leuchten seiner Augen fließt eine Segnung Gottes zu ihnen allen hin. Er hebt die Hand den Bedrückten entgegen, und sie atmen auf wie aus einem schweren Traume. Er wischt die Zeichen des Grams und der Mühsal von den Stirnen. Er löst den Krampf des Hasses und zeigt den Schwermütigen die Schönheit der Welt."

„Ist er weise?" fragte der Jüngling.

„Wir wissen nicht, ob er weise ist", antworteten sie, „denn er liegt dem Lernen nicht ob und redet nie von den Dingen, von denen man sagt, man habe sie erkannt. Aber dies wissen wir, daß er ins Nahe und ins Fernste wirkt, und ganz gewiß ist das sein, was man die Tat nennt." „Ist er heilig?" fragte er weiter. „Wir wissen nicht, ob er heilig ist", sagten sie, „denn er hält sich nicht abseits und hütet sich nicht, die Sündigen anzurühren. Aber dieses wissen wir wohl, daß er keinen entläßt, ehe er ihm die schwerste Bürde von der Seele nahm. Und ganz gewiß ist die Erlösung sein Reich."

„Ist es aber nicht so", fragte er, und er blickte mehr in sich als zu ihnen, „daß Tat und Erlösung sich einen zur höchsten Begnadung, welche die Stufe des großen Lichtes genannt wird und von vielen Zeiten zu vielen Zeiten in einer einzigen Seele erscheint, um in Tausende zu strahlen und hinüberzuleben?"

Da schwiegen die Jünglinge und waren betroffen ob

des seltsamen Ungestüms seiner Worte, wie sie solches an ihm nicht kannten. Er aber stand erschauernd da und wußte nicht, was ihm widerfahre.

Von dieser Stunde an aber war es in ihm beschlossen, daß er sich zu jenem Zaddik begeben und von ihm die Offenbarung seines Wesens empfangen müsse. Er ging zu seinem Vater und sagte ihm sein Vorhaben und bat ihn, er möge ihn ziehen lassen, wenn er anders wolle, daß das Leben nicht all seinen Wert für ihn einbüße. Der Vater aber achtete es für eine große Schande, daß sein Sohn den törichten Wundermann aufsuchen wolle, und bot alle Gründe dagegen auf, die ihm geläufig waren. Als der Jüngling beharrte, stritt er heftig wider ihn und gab ihm zu bedenken, wie wenig es für den gelehrten Sohn eines guten und strenggläubigen Geschlechtes sich schicke, sein Heil bei solch einem Irrlehrer und ungewissen Wirrkopf zu suchen.

So wies er ihn zurück, aber der Jüngling kehrte immer wieder und wiederholte sein Ansinnen immer dringender. Und alle im Hause wurden es gewahr, wie an dieser ungestillten Sehnsucht das Leben des Knaben immer matter wurde und wie eine schier verlöschende Flamme hin und her flackerte. Und zu einer Stunde, als er seinen Wunsch wieder aussprach, neigte sich das Herz des Alten, von Liebe und Erbarmen überwunden, ihm zu. Er versprach, seinem Begehren willfährig zu sein, und beschloß, seinen Sohn selbst zu dem Zaddik zu führen, denn die Hingabe an sein einziges Kind war mächtig in ihm. Auch hoffte er im verborgenen Herzen, daß es seiner Klugheit und Erfahrung gelingen werde, den Fremden albern und nichtig erscheinen zu lassen.

Indem er einwilligte, sprach er jedoch: „Eins aber möge uns Zeichen sein, daß unsere Fahrt im Willen des Himmels liege: daß im Verlaufe der Reise nichts sich ereigne, was dem Gang des Alltags zuwiderläuft. Sollte uns aber ein Ding widerfahren, das uns den Fuß hemmt, so mag dies ein Hinweis sein, daß dir der Weg nicht bestimmt ist. Alsdann wollen wir umkehren."

Am nächsten Tage begaben Vater und Sohn sich auf die Fahrt. Sie hatten sich bereits einige Stunden von ihrem Orte entfernt, als ihr Pferd auf einer Brücke stürzte und den Wagen zu Falle brachte. Wohl gingen die beiden unversehrt hervor, der Alte aber maß dem Unfall tiefe Bedeutung bei und wollte ihn nicht anders ansehen, denn als daß er eine Warnung darstelle, den Weg nicht fortzusetzen.

So kehrten sie in die Heimat zurück. Aber von dieser Stunde an wurde der Jüngling von so unendlicher Traurigkeit befallen, daß der Vater bald wieder, von seinem Flehen bezwungen, sich aufs neue mit ihm auf den Weg begab. Sie hatten wohl schon eine halbe Tagereise hinter sich, als plötzlich die Achse des Wagens zerbrach und der Rabbi wiederum, verwirrt und geängstigt, da er das Geschehene nicht anders denn als eine höhere Fügung zu deuten mochte, von der Fahrt abstand und die Umkehr anordnete.

Und wieder verzehrte sich der Jüngling, daß der Vater vor Herzeleid es nicht länger anzusehen vermochte, und zum dritten Male traten sie die Reise an. Diesmal beschloß der Alte nicht umzukehren und keines Unfalls zu achten, es sei denn, daß ganz und gar Ungewöhnliches ihre Bahn hemme. So fuhren sie bis zum Abend und suchten erst mit eintretender Dunkelheit eine Herberge auf.

Während sie in der Wirtsstube Rast hielten, gesellte sich ihnen als dritter ein reisender Kaufmann zu, mit dem sie alsbald in ein Gespräch kamen. Der Rabbi hatte es sich vorgenommen, im Reden seines Besuches bei dem Zaddik nicht zu gedenken, denn es stand bei ihm fest, daß er sich dessen zu schämen habe. So sprachen sie über mancherlei Dinge der Welt und der Alte erstaunte, wie wohlbewandert und unterwiesen der Fremde auf jeglichem Gebiete sei, und wie er gar schicklich und gewandt die Unterhaltung zu lenken wisse.

Und so geschah's, daß der Rabbi wie Wachs in seinen Händen war und der fremde Gast so viel erfuhr, als ihm zu wissen behagte. Und indem sie so von diesem und jenem sprachen, führte der Kaufmann ganz von ungefähr die Rede auf die Zaddikim und wo man welche fände. Als der Rabbi mit einiger Wißbegier auf das Gespräch einging, erwähnte jener, daß unfern von hier ein Zaddik lebe, der viel von sich reden mache.

Bei diesen Worten umfing er den Jüngling, der bis dahin ganz still und versunken dagesessen hatte, mit einem eigentümlich blitzenden und durchdringenden Blick. Der Knabe schreckte auf, wie wenn ihn ein schmerzhafter Stich aus dem Schlafe geweckt hätte, und hörte nun, wie sein Vater den Fremden fragte, ob er diesen Zaddik kenne.

„Wohl kenne ich ihn“, erwiderte der Kaufmann mit einem leichtfertigen und höhnischen Lächeln.

„So wißt Ihr ohne Zweifel, ob er in der Tat jener ehrwürdige und fromme Mann ist, als der er gilt?“

Da lachte der Fremde wiederum hell auf und sprach: „Der Zaddik ist ein Frommer und Gerechter? Nie ist mir ein schlimmerer Weltmensch begegnet als er. Mit eigenen Augen habe ich sein sündhaftes Treiben gesehen und ich, der ich zu ihm kam, Hilfe und Beistand zu suchen, zog enttäuscht und entsetzt von dannen.“

Der Alte wendete sich zu seinem Sohne und rief: „Ich habe geahnt, daß es so sei, wie dieser Mann in seiner Einfalt uns sagt. Wir wollen nach Hause kehren. Und nun du es selbst gehört hast, wirst du dein Herz von diesem Wahn befreien.“ Als sie aber heimkamen, legte sich der Sohn hin und verschied.

Uferlos war die Trauer, die der Tod über den alten Rabbi brachte. Einige Wochen aber nach dem Hinsterben des Sohnes erschien der Tote dem Vater im Traume, schrecklich anzusehen und flammend gleich einer Säule des Zornes. Zitternd rief der Alte: „Warum sehe ich dich in solcher Gestalt, mein Sohn?“ Da erwiderte dieser: „Mache dich auf den Weg zu jenem Zaddik, und du wirst es erfahren.“

Am Morgen gedachte der Rabbi zwar der Erscheinung, aber er meinte, seine Sinne hätten ihn wohl genarrt und dies sei ein Traum wie andere. Aber er kam wieder und kam zum dritten Male, und da wagte der Alte nicht zu widerstehen und begab sich auf den Weg zu jenem Zaddik.

Gegen Abend, als das Dunkel und die Müdigkeit ihn überkamen, kehrte er in einer Herberge ein, und als er eine Weile in dem dämmrigen Wirtsraum gesessen hatte, sah er, daß es dieselbe Herberge war, in der er vor wenigen Wochen mit dem jetzt toten Sohne eingekehrt war. Der Gedanke schreckte ihn aus seinem Brüten auf, und er blickte um sich und sah sich gegenüber die Gestalt jenes Kaufmanns sitzen, dem er auch damals begegnet war. Bei seinem Kommen war das Zimmer leer gewesen, und er hatte nicht bemerkt, daß jemand eingetreten wäre. Allein der Schmerz war zu heftig in ihm, als daß er der Verwunderung hätte Raum gegeben. Und so fragte er den Fremden nur: „Bist du nicht jener Kaufmann, mit dem ich vor kurzem hier gesprochen habe?“

Da brach jener in ein unbändiges Gelächter aus und antwortete: „Ich bin es, und was ich wollte, ist mir wohl gelungen. Besinne dich, wie du mit deinem Sohne zum Zaddik ziehen wolltest. Und zuerst stürzte dein Pferd, und du kehrtest um. Und dann zerbrach die Achse deines

Wagens, und du kehrtest wieder um. Und zuletzt kamst du und fandest mich und hörtest auf meine Worte und kehrtest um zum dritten Male. Und nun, da ich deinen Sohn getötet habe, magst du schon fahren. Denn wisse, dein Sohn hatte die Stufe des kleinen Lichtes, jenem Zaddik aber ward die Stufe des großen Lichtes gegeben, und wären sie auf Erden zusammengekommen, so hätte sich das Wort erfüllt, und der Messias wäre erschienen. Nun aber, da ich deinen Sohn getötet habe, magst du schon fahren." Und indem er dies gesagt hatte, wich er unmerklich von hinnen und war verschwunden, und der Rabbi starrte in die leere Luft.

Und er zog seines Weges weiter und kam zum Zaddik und warf sich ihm zu Füßen und schrie: „Wehe, wehe um die, so verloren gehen und können nicht wiedergefunden werden."

SCHÜTTE AUS (deinen Zorn über die Völker,
die dich nicht erkannt haben)

Die Geschichte vom Klugen und vom Einfältigen

n einer Stadt im Osten lebten zwei reiche Männer, die besaßen vielerlei an Gütern, lange Häuserreihen, Felder, so weit man sehen mochte, und blankes Geld in Fülle und Kostbarkeiten, woran sich ihr Herz erfreuen konnte.

Jeder von ihnen hatte einen Sohn, und die beiden Knaben waren einander gar gut, spielten von Kind auf einträchtig miteinander und hielten auch in der Schule zusammen. Der eine aber war sehr klug, sein Verstand war scharf und hell und kein Ding war ihm so vielgestaltig, daß er es nicht erfaßt hätte. Der andere jedoch war einfach von Art und Geist, er konnte begreifen, was schlicht und gerade war, nicht mehr und nicht weniger.

Als die beiden Knaben eben dem Lernen entwachsen waren, begab es sich, daß die Väter mit einem Mal verarmten, und es blieb jedem nichts als das Haus, in dem er wohnte. Da sprachen sie zu ihren Söhnen: „Sehet zu, wie ihr euch durch die Welt helft, wir können euch nicht mehr beistehen, da nichts mehr unser eigen ist, als das Dach über unserem Haupte.“ Der Einfältige, dem die Welt unüberwindlich dünkte, schickte sich an, bei einem armseligen Schuster das Handwerk zu erlernen. Der Kluge aber beschloß, sich die Welt zu erobern, kehrte der Heimat den Rücken und zog in die Fremde.

Wie er so auf der Landstraße dahinwanderte, begegnete er einem mächtigen Wagen, auf dem Ballen von Waren aufgetürmt waren und den vier Pferde eben noch mit Mühe zogen. Neben dem Wagen schritt der Kaufmann mit seinen Dienern einher. Als der Kluge ihrer ansichtig wurde, begrüßte er sie und gesellte sich zu ihnen. Sie kamen ins Reden und er erfuhr, daß es Kauflaute aus Warschau seien, die auf dem Wege nach Hause noch Geschäfte in Mengen zu besorgen hätten. Und da er sie fragte, ob sie wohl noch eines anstelligen Dieners bedürften, und sich ihnen anbot, war der Kaufmann gleich willens, es mit ihm zu versuchen, denn er hatte schnell erkannt, daß er einen scharfsinnigen und gewandten Burschen vor sich habe. Der Jüngling merkte wohl auf die Gepflogenheiten beim Handel und bald wußte er so flink Bescheid, wie nur irgendeiner.

Als sie in Warschau ankamen, fragte er unter den Leu-

ten der Stadt herum, welches Ansehen sein Kaufherr unter ihnen genösse. Er erfuhr, daß jener ein geachteter und und rechtschaffener Mann sei, aber auch, daß sein Geschäft als schwer gelte, weil er viele Handelsreisen nach entlegenen Ländern unternehme. Als der Kluge so in der Stadt umherging, sah er die Diener in den Warengewölben, und ihre schmucke Tracht und ihr stattliches Aussehen stachen ihm gar sehr in die Augen. Da beschloß er, seinen Dienst aufzugeben und verdingte sich einem Händler, der einen ansehnlichen Laden am Orte hielt. Und wie es der Brauch ist, mußte er zuerst mühselige Arbeit um geringen Lohn verrichten. Aber das verdroß ihn nicht, und bald gewann er das Vertrauen seines Herrn und hatte teil an der Führung des Geschäftes, bis er dessen völlig kundig war.

Als er aber eines Tages sah, daß hier für ihn nichts mehr zu lernen sei, nahm er seinen Abschied und schloß sich einem Kaufmannszuge an, der nach London ging. Er hielt die Augen wacker offen und ließ sich nichts entgehen, was er allerorts an klugen und schicklichen Gebräuchen sah, und worin immer sich ein Land vor den anderen hervortat, das ließ er sich wohl gewiesen sein und nahm es auf.

So bereiste er viele Reiche, England, Deutschland, Frankreich, Spanien, und zuletzt kam er nach Italien. Dort sah er gar feine und kunstreiche Geräte der Goldschmiedezunft, dergleichen er in keinem anderen Lande wahrgenommen hatte, und da Ort und Gelegenheit ihm günstig waren, setzte er Fertigkeit und Eifer darin, das Handwerk zu erlernen. Und so bedurfte es nicht langer Weile, da brachte seiner Hände Arbeit so Zierliches zutage, daß die ältesten Meister der Stadt eingestehen mußten, ihr Lebtag sei ihnen solches nicht gelungen.

Da er es nun so weit gebracht hatte, daß keiner im Land es ihm mehr zuvortat, beschloß er, sich dieses Handwerks zu begeben und ein neues zu erlernen, das als ungemein schwierig galt und gleichfalls wohl angesehen war. Und er ging zu einem Meister hin, der bislang unübertroffen war in der Kunst, Menschenköpfe und Tiergestalten und allerlei schöne und erfreuliche Dinge in edle Steine zu schneiden.

Bald hatte sein Wille auch diese Kunst bezwungen, und es war keiner unter seinen Genossen, der sich mit ihm hätte messen können. Doch bestand auch dieses Tun vor seinen Augen nicht, und da er seine Hand nun so zu jeder kunstvollen Verrichtung geschickt wußte, gedachte er seinen Geist zu üben und die Natur der Menschen und der Dinge zu ergründen. Er begab sich auf eine hohe Schule, wo ein berühmter Meister der Heilkunde Jünglinge, die aus allen Ländern ihm zuströmten, unterwies. Da erfaßte er die Weisheit seines Lehrers mit solcher Schärfe, daß er jegliches Ding in der Welt und in der Seele des Menschen von Grund aus durchschaute, so daß nichts vor ihm standhielt, und alles gering in seinen Augen wurde. Am Ende trieb ihn ein heftiger Widerwille vor der Unvollkommenheit alles Lebens von Ort zu Ort, und er fand nirgends Ruhe. Da gedachte er seiner alten Heimat und beschloß, sich ihr wieder zuzuwenden.

Indessen war der Einfältige bei dem Schuster in die Lehre gegangen und hatte sich jahrelang gemüht, nur eben schlecht und recht das Handwerk zu erlernen, aber es war ihm nicht so ganz gelungen. Als er ein Paar grober Stiefel halbwegs zustande brachte, tat er eine eigene Werkstatt auf, nahm sich ein Weib und schusterte drauf los. Da er aber sein Handwerk recht schlecht verstand, kamen nur die ärmsten Leute zu ihm, die wenig bezahlen konnten, und da er überdies sehr lange brauchte, bis er ein Stück fertig bekam, mußte er sich arg plagen, bis

er das Wenige verdiente. Doch tat dies kärgliche und mühevolle Dasein seiner guten Laune keinen Abbruch, und obgleich er den ganzen Tag oft keinen freien Augenblick zum Essen fand, war er dennoch fröhlich und guter Dinge vom Morgen bis zum Abend.

So geschah es zuweilen, daß er, während er den Faden durchs Pech zog, seiner Frau zurief: „Weib, stell' mir sofort die Graupensuppe her!" Da reichte sie ihm ein Stück trockenes Brot. Und indem er es munter verzehrte, sagte er: „Frau, so wie heute ist dir die Graupensuppe noch nie gelungen! So, nun gib mir ein schönes Stück vom Braten!" Da reichte sie ihm abermals eine tüchtige Scheibe Brot. Als der Schuster auch diese aufgegessen hatte, rief er ganz entzückt: „Frau, dies ist der saftigste Braten, den ich mein Lebtag genossen habe. Jetzt gib mir noch den Nachtisch." Und wieder erhielt er ein Stück Brot und pries es als den köstlichsten Kuchen. So würzte er sich jeden Tag den kargen Bissen mit den lustigsten Einfällen und während er aß, schmeckte er wirklich alle die auserlesenen Leckereien, von denen er sprach. War er aber durstig, so rief er: „Weib, bring' mir ein Glas Wein, aber von unserm besten!" Sie stellte ihm ein Glas Wasser hin, und er hielt es gegen das Licht und sagte schmunzelnd: „Ich wette, klareren Wein trinkt auch der König nicht!" Und es war ihm, als spürte er das allerbeste Getränk auf der Zunge.

Und so erging es ihm auch mit seiner Kleidung. Der Schuster und sein Weib hatten zusammen einen ruppigen Schafspelz. War es kalt und er wollte über Land gehen, so redete er zur Frau: „Meine Liebe, leg' mir den Pelz um!" Und dann streichelte er ihn und sprach: „Ist es nicht ein feines Pelzchen? Und wie schön warm es hält!" Mußte er aber irgendwo in der Stadt vorsprechen, so meinte er: „Frau, tu' mir den Tuchmantel her!" Dann legte sie ihm wieder den Pelz um, und er sagte lächelnd: „Glänzt das Tuch nicht wie Atlas? Es geht doch nichts über mein Mäntelchen!!" Und so trug er den alten Pelz auch als Kaftan und als Joppe und war durchaus der Meinung, daß auf der ganzen Welt kein edleres Gewand sei.

Hatte er aber mit vieler Mühe einen Schuh zustande gebracht – und sie gerieten ihm immer recht plump und ungeschlacht –, so rief er seine Frau herbei: „Sieh' einmal, mein Herz, was für ein süßes und zierliches Schuhchen das ist! Hast du je ein hübscheres gesehen?"

„Na", sagte die Frau, „wenn deine Schuhe so vortrefflich geraten, warum nimmst du nur einen Taler für das Paar, während jeder andere Schuster hier am Ort das Doppelte verlangt?"

„Weib", lachte er da, „was willst du uns die Laune mit dem verderben, was andere tun? Denk' lieber dran, was ich mit einem einzigen Paar Stiefel so von der einen Hand in die andere verdiene." Und er zählte auf, was Leder und Pech und Faden ihn kosten, und fand, daß ihm bare fünf Groschen als reiner Verdienst blieben, und war der Meinung, daß kein anderes Los dem seinen vorzuziehen sei.

Die Leute der Stadt aber kannten den Schuster und seine närrischen Gebräuche wohl und trieben ihren Spott mit ihm. Gar oft geschah es, daß einer bei ihm eintrat, nur um ihn zu necken, aber er merkte es bald und gab dann keine Antwort als die, daß er beharrlich erwiderte: „Nur ohne Spott!" Fragte ihn einer rechtschaffen und ohne Arg, so gab er schlecht und recht Bescheid, wie er's wußte. Wollte ihn jedoch jemand mit scheinbarem Ernst überlisten, um ihn zu närrischen Reden zu bringen und sich über ihn lustig zu machen, so sagte er ganz fröhlich: „Ei, Freund, sieh' doch nur zu, wie ich gar so einfältig bin! Du kannst ein gut Stück klüger sein als ich und bist noch immer ein rechter Narr."

Eines Tages aber verbreitete sich in der Stadt das Gerücht, daß der Kluge, der inzwischen in der Fremde ein unmäßig reicher und weiser Herr geworden sei, in seinen Heimatort einziehen werde. Als der Einfältige dies vernahm, schrie er eilend: „Weib, sofort gib mir das beste Festgewand her, damit ich meinem Jugendfreund entgegengehe und ihn begrüße." Die Frau tat ihm den zottigen Pelz um, und so lief er vor das Stadttor auf die Landstraße, als eben ein prächtiger Wagen dahergefahren kam, in dem der Kluge glanzreich und würdevoll saß.

Der Einfältige hielt das Gefährt an und rief voller Freude: „Gesegnet sei Gott, der dich hierher geführt hat, mein Bruder!" Und er sagte noch viele liebevolle und fröhliche Worte und gebärdete sich gar treuherzig und unbekümmert. Dem vielgelehrten Manne erschien dieses Gehaben recht töricht, aber er gedachte der einstigen Jugendfreundschaft, begrüßte den Schuster freundlich, nahm ihn in seinen Wagen auf und fuhr mit ihm in die Stadt.

In der langen Zeit aber, die der Kluge fern von der Heimat verbracht hatte, war sein Vater gestorben, und das Haus, das er ihm hinterlassen hatte, war ungepflegt gänzlich verfallen, so daß er keinen Ort darin fand, wo er hätte wohnen können. Er mußte eine Herberge suchen, doch es fand sich in der ganzen Stadt keine, die zu seinem Ansehen und seinen Gewohnheiten gepaßt hätte. Der Einfältige aber war nach dem Tode seines Vaters in dessen Haus gezogen und als er nun die Bedrängnis seines vornehmen Freundes vernahm, suchte er ihn schleunig auf und sprach zu ihm: „Mein Bruder, erweise mir die Ehre und kehre bei mir ein. Du wirst in meinem Hause Raumes genug finden, denn mein Weib und ich bedürfen nur einer einzigen Stube."

Der Kluge willigte ein, der Einfältige aber eilte heim, raffte den besten Hausrat zusammen, trug ihn in die Stuben, die sein Jugendfreund bewohnen sollte, und hieß seine Frau alles blank scheuern und aufs beste vorbereiten. So kam der Kluge in das Haus des Einfältigen.

Der hohe Ruhm seiner Weisheit und seiner ungezählten Fertigkeiten verbreitete sich alsbald im ganzen Land. Die Großen und Vornehmen des Reiches eilten herbei, um sich an den Proben seines Wissens und seiner Kunst zu ergötzen. So gab ihm ein mächtiger Fürst den Auftrag, ihm einen Ring anzufertigen, so kunstvoll und wunderbar, wie er ihn nur zu ersinnen vermöchte. Der Kluge machte einen Ring und ritzte in ihn das Bildnis eines Baumes mit tausendfältig verschlungenen Ästen und Zweigen, und das Werk geriet ihm so kühn und fein zugleich, daß er sicher war, selbst in Italien, wo man sich wie nirgends auf diese Kunst verstand, könnte nichts seiner Arbeit an die Seite gesetzt werden. Aber der Fürst war ein roher und unkundiger Mensch, der nur groben und schreienden Prunk zu würdigen wußte, und der herrliche Gegenstand fand vor seinen Augen keine Gnade. Den Weisen aber erfüllte der Unverstand seines Auftraggebers mit heftigem Verdruß.

Ein anderes Mal kam wieder ein Vornehmer des Reiches zu ihm und brachte ihm einen Edelstein, darein ein Bildnis geschnitten war, und verlangte von ihm, er möge die Zeichnung auf einen anderen, in Form und Farbe völlig gleichen Stein übertragen. Er machte sich an die Arbeit und sie gelang ihm so sehr, daß nach ihrer Vollendung keiner das Urbild von der Nachahmung zu unterscheiden vermochte. Und alle waren des höchsten Lobes voll; nur sein eigenes Herz schwoll in tiefer Bitterkeit, denn er erkannte einen winzigen, schier nicht sichtbaren Mangel an einer Stelle, die ihm nicht völlig mit der Vorlage übereinstimmend geraten war. Und wiewohl keiner imstande war, ihm diesen Fehler nachzuweisen, nagte die einsame Erkenntnis wie ein Wurm an seiner Seele.

Nicht minder unglückselige Erfahrungen trug ihm seine Heilkunst ein. Kranke strömten ihm in Scharen zu. Da kam es einmal vor, daß ein Schwerkranker zu ihm gebracht wurde, dessen Leiden kein Arzt des Landes Einhalt zu tun vermocht hatte. Nun besaß der Weise eine wunderbar wirksame Arznei, von der er sicher wußte, daß sie die Heilung bewirken würde. Aber die Angehörigen des Kranken wendeten das Mittel auf eine ganz verkehrte Weise an, so daß er daran verstarb. Darauf erhoben sie ein großes Geschrei und einen großen Widerwillen gegen den Arzt und warfen ihm vor, er hätte den Kranken getötet. In einem andern Falle tat das gleiche Mittel bei der gleichen Krankheit die erwünschte Wirkung und siehe, da rühmte sich der Genesene, nicht der fremde Weise und seine Tränklein, sondern seine eigene feste Natur hätte ihn gerettet. Und so brachte dem Klugen seine Heilkunst nur eitel Mühsal und Ärger.

Aber auch um sein tägliches Leben war es nicht besser bestellt. So schickte es sich eines Tages, daß er ein Gewand brauchte, und er ließ sich den besten Schneider des Ortes kommen, dem er bis aufs Kleinste auseinandersetzte, wie die Tracht beschaffen sein müßte. Der

Meister gab sich viele Mühe, so daß der Anzug ihm wohl geriet und überaus prächtig ausfiel. Bloß der Aufschlag am Ärmel war nicht ganz so geworden, wie der Kluge dies für schicklich erachtet und gewünscht hatte, und dieser Umstand brachte den gelehrten Mann völlig außer sich, denn es machte ihm Sorge, daß man ihn in Spanien wegen dieser verkehrt aufgenähten Ärmelstulpe vielleicht ausgelacht hätte, wenn auch hierzulande die Leute von angemessener Kleidung gar wenig verstanden.

Der Einfältige aber war allzeit guter Dinge und lief mit Scherzen und Gelächter bei dem Klugen aus und ein, was den zuweilen grimmig verdroß. Es blieb dem Schuster jedoch nicht lange verborgen, wie trübsinnig sein reicher Freund dahinlebte, und so sprach er eines Tages zu ihm: „Wie ist es nur möglich, daß du bei deiner Weisheit und deinem Reichtum immerzu mit Ungemach und Nöten im Streite liegst, während ich armer und einfältiger Mann friedsam und fröhlich meine Tage lebe? Vielleicht würdest du glücklicher sein, wenn du mit geringem Verstand und arglos wie ich in der Welt stündest?“

„Guter Freund“, lachte da der Kluge, „das möchte mir immerhin etwa beschieden sein, daß mich eines Tages Krankheit befiele und meinen Verstand zerstörte, also daß ich würde wie du. Du aber kannst ohne Sorge leben, daß dich jemals meine Weisheit überkäme und du vielleicht gar leben müßtest wie ich; denn solches kann nun und niemals geschehen.“

Indessen war es in der ganzen Stadt üblich, den armen

Schuster nicht anders als den Einfältigen und seinen reichen Genossen nicht anders als den Klugen zu nennen, und mit diesen Beinamen standen sie auch in dem Buche eingetragen, in dem man sämtliche Insassen des Ortes nach Namen und Art verzeichnet hatte. Nun fügte es sich einmal, daß der König des Reiches in diesem Buche blätterte und so erfuhr, daß es in einer Stadt seines Landes zwei Männer gab, von denen der eine schlechtweg der Kluge war und der andere schlechtweg der Einfältige geheißen wurde. Da erwachte in ihm die Lust, die beiden kennen zu lernen, und er äußerte vor seinem Gefolge den Wunsch, man möge diese Männer zu ihm einladen.

Alsbald aber fragte er sich: „Werden die beiden nicht erschrecken, wenn sie plötzlich eine Botschaft ihres Königs trifft? Der Weise wird vor Ehrfurcht nicht wissen, was er zu antworten hat, und der Einfältige am Ende gar ganz zum Narren werden. Es wird deshalb wohlgetan sein, ich wähle zwei meiner Hofleute, einen Klugen als Boten für den Klugen, und einen Einfältigen, daß er mit dem Einfältigen umzugehen verstehe, und sende sie zum Statthalter jener Provinz meines Reiches. Diesen lasse ich mein Vorhaben wissen, damit er die Boten auf angemessene Art zu den beiden weise. Dann möge man ihnen auch nicht sagen, der Könige befehle ihnen zu kommen, sondern sie würden ihn erfreuen, wenn sie es täten."

Ein Kluger ward zu diesem Behufe leicht gefunden, aber schwer war's, einen Einfältigen herbeizuschaffen, denn wo in aller Welt würde solch einer in des Königs

Nähe geduldet? Ja, in der ganzen Königsstadt war kaum einer zu ermitteln. Dem Herrscher und seinen Beratern war das Nachforschen schon sauer geworden, als ihnen gerade noch einfiel, daß doch ein Einfältiger unter ihnen lebte, des Königs Schatzmeister nämlich, denn unter allen Ämtern am Hofe war seines das einzige, das einem Klugen nicht wohl hätte anvertraut werden mögen, da er ihm leichtlich mehr zu seinem eigenen Nutz und Frommen als zu dem des Reiches hätte vorstehen können. So wurden also des Königs Schatzmeister und einer von seinen weisen Räten als Boten abgesandt.

Sie kamen zum Statthalter, ließen ihn des Königs Willen wissen und fragten nach den beiden Leuten. Der Statthalter verwunderte sich und sagte ihnen: „Ja, den sie den Klugen nennen, der ist in Wahrheit ein großmächtig weiser, reicher und erfahrener Mann, und der mit Namen der Einfältige heißt, ist der armseligste Tor, den es je gegeben hat.“ Zugleich kam ihm die Geschichte von dem Pelz in den Sinn, die jedermann kannte; er erzählte sie den Boten, damit sie ein Ansehen von dem geringen Verstande des Schusters bekämen, und ließ ein festliches Gewand holen, um es dem Einfältigen zu überschicken, auf daß sein schlechtes Kleid des Königs Auge nicht verletze.

Der Schatzmeister fuhr zum Orte des Schuhmachers, suchte dessen Haus auf, trat ein und überreichte ihm den königlichen Brief. Der Einfältige aber gab ihm das Schreiben zurück und sagte: „Wisse, daß ich des Lesens nicht kundig bin. Du mußt mir schon berichten, was hier geschrieben steht, wenn du willst, daß ich es erfahre."

Da antwortete ihm der Schatzmeister: „Der Sinn der Schrift ist dieser, daß dich der König einlädt, zu ihm zu kommen, denn er hat von dir gehört und ist begierig, dich kennenzulernen." Das dünkte dem Schuster sehr verwunderlich und er war bange, es möchte ihn Einer zum besten halten. Darum sagte er ganz treuherzig: „Nur ohne Spott!"

Der Bote versicherte ihm: „Wahrhaftig, ohne Spott!" Da war die Freude des Einfältigen gewaltig. Er tanzte in der Stube herum und rief: „Weib, denke, welch ein Glück, der König ruft mich zu sich!" Gar fröhlich bestieg er den Wagen. Als ihm jedoch die köstlichen Kleider gereicht wurden, wehrte er sich dagegen und ließ sie sich nicht antun, denn er wollte in seinem geliebten wunderschönen Pelz vor den König treten.

Während die beiden aber sich auf der Fahrt zur Residenz befanden, liefen beim König mannigfaltige Beschwerden über das Wesen und Treiben des Statthalters ein, der sein

Amt mißbrauchte und durch allerlei Ränke und Hinterlist das Land schwer zu Schaden gebracht hatte. Da ergrimmte der Fürst gar sehr über den Übeltäter und mehr noch über seine eigenen Berater, die ihm diesen Mann als ein Muster von Weisheit und umsichtiger Führung gepriesen hatten, und er rief: „Allzu klug seid ihr mir, und über die Maßen habt ihr mir mit eurer Klugheit Leid angetan."

Und als die Räte murrten, erboste sich der König nur noch mehr und schrie: „Den einfältigsten Mann will ich zum Statthalter machen, denn seine Torheit kann nicht Schaden tun, wenn er nur redlich ist und einen geraden Sinn hat."

Wie er so sprach, entsann er sich, daß jener Einfältige, den er zu sich beschieden hatte, schon auf dem Weg zu dem Orte, wo der Statthalter lebte, sein müsse, und er beschloß, gerade ihm diese Würde zu verleihen. Er sandte daher in jene Stadt und befahl, daß man den Einfältigen mit großen Ehren empfange, und daß die weisesten und angesehensten Bürger ihn als ihren Obersten begrüßen sollten. Als der Schuster mit seinem Begleiter des Weges gefahren kam, geschah es, wie der König befohlen hatte. Der Einfältige geriet ob all des Gepränges und der Festlichkeit, mit der man ihm begegnete, in großes Staunen, und er rief wie gewöhnlich: „Nur ohne Spott!" Aber bald überzeugte er sich, daß ihm die Würde wirklich zugedacht war, und er gab sich der Freude hin, daß ihm ein solches Glück beschieden sei.

Und wie der Spruch sagt, daß Glück klug macht, so geschah es auch bei dem Schuster. Mit dem Amte ward ihm auch ein gut Teil Verstand, und je länger er sein Land verwaltete, desto mehr wuchs seine Weisheit. Dennoch aber hielt er sich einfach und redlich wie zur Zeit, als er ein armer Schuster gewesen war, und da er sein Leben selbst ohne Ränke verbracht hatte, wußte er Recht und Unrecht wohl zu durchschauen, und sein Richtspruch ward allenthalben geachtet.

All sein Volk und seine Ratgeber gewannen Liebe zu ihm, und sein Ruhm drang bald zum Könige, der nun nichts mehr sehnlicher wünschte, als einen Mann von so strenger Tugend und schlichter Weisheit an seiner Seite zu haben. So kam es, daß er den Einfältigen zum obersten Minister ernannte und ihm unweit seiner Residenz einen köstlichen Palast erbauen ließ.

Als der andere Königsbote aber zum Klugen kam und seine Nachricht überbrachte, sprach der zu ihm: „Laß uns als vernünftige Leute nichts übereilen und bleibe daher diese Nacht bei mir, damit wir alles wohl überdenken und beratschlagen.“ Und sogleich befahl er, ein reiches Mahl zu rüsten. Während sie aßen, ließ er all seinen Witz glänzen. Nachdem er viele scharfsinnige Dinge vorgetragen hatte, kam er auf die Botschaft des Königs und sprach folgendermaßen: „Wer bin ich, daß ein mächtiger König meiner begehrt? Was gilt mein geringes Vermögen, was mein unbedeutender Verstand gegen die ungemessenen Reichtümer und die glorreiche Weisheit eines

Herrschers? Hat er nicht genug der edlen Vasallen und der tiefsinnigen Berater an seinem Hofe, daß er mich kleinen und unwürdigen Mann zu sich bescheiden sollte?"

Nun sann er lange und in sich gekehrt über seine eigenen Worte nach und rief endlich: „Unmöglich ist es, lasse dir sagen, daß ein König dergleichen täte. Übelgesinnte Menschen haben dich betört, als sie dich mit dieser Botschaft zu mir gehen hießen. Die Wahrheit ist, daß es überhaupt keinen König gibt. Oder hast du etwa das Schreiben, das du mir brachtest, aus seiner Hand empfangen?"

Da sprach der Bote: „Nein, ich muß dir gestehen, daß ich es nicht vom Könige selbst, sondern von einem seiner Beamten erhalten habe."

„Hast du den König denn je zu Gesicht bekommen?" fragte der Kluge weiter.

„Du scheinst mit den Sitten der Könige wenig vertraut zu sein", antwortete der Abgesandte, „sonst wüßtest du, daß sie sich gar selten dem Volke zeigen, und wenn es geschieht, so sind sie von so zahlreichem Gefolge umgeben, daß es schwer ist, des Königs ansichtig zu werden."

„Wenn du es recht bedenkst", sprach da der Kluge, „wirst du gewahr werden, wie deine eigenen Worte beweisen, daß ich im Rechte bin. Denn wenn du, der du am Hofe einem wichtigen Amte vorstehst, den König nicht gesehen hast, wer sollte es dann wohl?"

„Wer aber führt denn das Land?" fragte jener.

Darauf erwiderte der Kluge: „Merke wohl auf, was ich dir sage, denn ich bin vielgereist und wohlerfahren. Sieh', im Lande Italia regieren siebzig edle Männer das Reich; sie werden vom Volke erwählt und teilen sich in die Führung der Staatsgeschäfte. Allda kann jeder würdige und verdienstvolle Bürger zur Herrschaft gelangen. Hier aber regieren gewiß die hohen Beamten und Höflinge, sie machen die Gesetze und tun, was ihnen beliebt. Fragt aber das Volk: ‚Wer verlangt das von uns?', so antworten sie: ‚Ei, euer König, und an euch ist es, ihm zu gehorchen.' Siehe, so gebieten sie nach ihrem Willen, und der König ist nichts als ein leerer Name, den sie ersonnen haben, um das Volk zu schrecken und zu bändigen."

Da begann die Rede in die Ohren des Boten einzugehen, und der Zweifel wurde stark in ihm. Sein gelehrter Wirt aber redete weiter: „Vieles der Art könnte ich noch vorbringen, aber warte bis morgen, dann hoffe ich dich zu überzeugen."

Am nächsten Morgen erhoben sie sich zeitig und gingen selbander auf den Marktplatz. Dort trafen sie auf einen Soldaten, und der Kluge redete ihn also an: „Mein lieber Freund, sage mir, wem dienest du?"

„Nun", antwortete der, „wem dient wohl ein Soldat? Dem Könige, sollte ich denken!"

„Dienest du schon lange?" fragte der Weise.

„Wohl", sprach der, „ich habe in mancher Schlacht treu für meinen Herrn gestanden und achte kein Handwerk höher denn das meine, des Königs Fahne hochzuhalten."

„Da kennst du deinen König wohl gut", sagte der Kluge, „da du ihn also liebst?"

„Ich habe ihn nie gesehen", erwiderte jener traurig, „ob es gleich meines Lebens bester Wunsch war."

Da sprach der Weise zu seinem Begleiter: „Gibt es eine größere Narrheit, als daß einer sein Blut läßt für einen, den es nicht gibt? Und glaube mir, in solchem Irrtum ist das ganze Volk befangen."

Da ließ sich der Bote von seinem Genossen überzeugen, und als dieser ihm sagte: „So du willens bist, mit mir in die Welt zu ziehen, will ich dir der Menschen kurzen Sinn und verkehrte Meinung allerorten aufdecken", war er gleich bereit, und die beiden zogen von dannen.

Wohin sie kamen, vermochten sie nichts anderes zu sehen als Wahn, Verblendung und Irrtum. Die Entdeckung, daß es keinen König geben könne, war ihnen zum Sprichwort und Maßstab für jegliches Ding geworden, und sie pflegten zu sagen: „Dies ist ebenso wahr, wie daß es einen König gibt." Indem sie so aller Herren Länder durchzogen und für nichts einen Sinn hatten als für Fehl und Mangel des Menschengeistes, ließen sie ihre äußeren Glücksumstände so völlig außer acht, daß sie gar bald des Lebens Nöte bitterlich erfahren mußten, so daß sie ihre Pferde und was sie sonst an Habe mit sich führten, hingaben, um nur dürftigen Unterhalt zu gewinnen. So aller schicklichen Ausrüstung bar und jeder Unbill armer Wanderer ausgesetzt, zogen sie unverdrossen weiter umher, einen immer größeren Vorrat an trübseligen Erfahrungen sammelnd. Endlich aber beschlossen sie, in die Heimat zurückzukehren, um den gewonnenen Erkenntnisschatz zu verwerten und unter die Leute zu bringen.

So kamen sie in die Stadt, wo der arme Schuster nunmehr als oberster Minister residierte. Als sie durch die Gassen dahinzogen, gewahrten sie vor einem unscheinbaren Häuschen eine große Menschenmenge, die sich um eine Reihe von Wagen gesammelt hatte, fürstliche Karosssen und elende Dorfkarren untereinander, und als sie näher hinzutraten, erblickten sie in jedem Gefährt einen Siechen oder Kranken, der begierig darauf harrte, durch die niedere Tür des Häuschens Eingang zu finden.

Andere Menschen traten heraus mit strahlenden Mienen und fröhlichen Lobpreisungen für den hilfreichen Mann, der durch seinen lauteren Zuspruch und die gute Kraft seines gesegneten Wesens den Kranken wunderbare Erleichterung in ihren Leiden und manchem völlige Genesung brächte.

Der Kluge meinte zuerst, hier wohne ein berühmter Arzt, erfuhr aber zu seiner Verwunderung, daß dieser heilende Mann weder gelehrt noch der ärztlichen Wissenschaft kundig sei, vielmehr im Munde des Volkes den Ruf eines Wundertäters genieße. Da brach er in ein zorniges Gelächter aus und sprach zu seinem Begleiter: „Haben wir deshalb die ganze Welt durchzogen, um der

Narrheiten allergrößte an der Schwelle der Heimat zu finden? Bruder, lasse dir sagen, dies ist ein arger Betrüger, der den unwissenden Leuten das Geld aus der Tasche zieht."

Sie wandten sich ab und gingen weiter, und da sie seit langem nichts gegessen hatten und Hunger verspürten, suchten sie die letzten Groschen in ihren Taschen zusammen und traten in die nächste Garküche ein, um dort Mahlzeit zu halten. Während sie speisten, verhöhnten sie das Unterfangen des Wundertäters auf laute und unziemliche Weise, so daß der Wirt hinter dem Schanktisch auf sie aufmerksam wurde und verdrießlich ihren Reden lauschte.

Da es um die Mittagsstunde war, füllte sich die Speisestube alsbald mit Gästen, die die Worte der beiden mit Unwillen vernahmen, und als noch der Sohn des Wundertäters eintrat und Zeuge ihrer Spottreden werden mußte, ergrimmte der Wirt und warf die beiden vor die Türe, und die Leute fielen über sie her und prügelten sie weidlich durch.

Die zwei Klugen flohen erbittert von hinnen und eilten zur Stadtwache, um dort Schutz und Recht zu suchen. Als der Hauptmann der Stadtwache vernommen hatte, aus welcher Ursache die beiden mißhandelt worden waren, fuhr er auf sie los, überhäufte sie mit Schmähungen und stieß sie endlich hinaus. Denn auch er glaubte an den Wundertäter, der ihm sein schwerkrankes Kind gerettet hatte.

Die beiden gingen nun von Gericht zu Gericht und huben überall ihre Klage an, aber allerorten war der Wundertäter angesehen und verehrt, sie wurden einmal ums andere abgewiesen und bekamen nur bittere Worte und Püffe auf den Weg. Endlich kamen sie vor den Palast des Ministers und baten die Wachen, man möge sie vorlassen, denn ihnen sei großes Unrecht geschehen. Sie wurden vor das Angesicht des Ministers gebracht und dieser, der einstmals der Einfältige geheißen war, erkannte sogleich in dem armseligen und verhetzten Wanderer seinen Jugendgenossen.

Der aber erkannte in dem Minister den dürftigen Schuster nicht wieder, denn er trug seine Würde gar stattlich und weise. Der einstige Freund aber gab sich ihm zu erkennen, begrüßte ihn mit herzlicher Miene und fragte ihn nach seinem Begehren.

Da erzählte der Kluge, daß man ihn jämmerlich geschlagen habe, um solch eines Betrügers willen wie dieser Wundertäter sei, der die ganze Stadt am Narrenseil führe. Der Minister lächelte, tröstete ihn und forderte ihn auf, zunächst mit seinem Begleiter in das Bad zu gehen, wo Diener ihrer harren und ihnen schickliche Gewänder reichen würden. Danach lud er sie ein, sich mit ihm zum Mahle zu setzen.

Bei Tische frug der Kluge, der in großer Verwunderung ob des veränderten Wesens und der glänzenden Umstände seines Freundes war: „Sage mir, mein Lieber, wie kamst du nur zu dieser Würde?"

„Mein Herr, der König hat sie mir verliehen", erwiderte der Minister.

„Wie", sagte der Kluge, „auch du bist von diesem Wahnsinn ergriffen und glaubst an einen König! Ich sage dir fürwahr, es gibt keinen König."

„Wie magst du mir so Ungeheuerliches vorbringen?" rief der Minister, „schaue ich doch täglich des Königs Angesicht."

„Wer sagt dir", höhnte der Kluge, „daß der, mit dem du sprichst, in Wahrheit der König ist? Warst du von Kindheit an mit ihm vertraut? Hast du seinen Vater und Großvater gekannt, daß sie Könige waren? Menschen haben dir gesagt, daß dies der König sei. Sie haben dich genarrt."

Da sprach der Minister zu ihm: „So lebst du denn immer noch in deiner Klügelei und siehst das Leben nicht und tötest jegliche Freude? Sieh', du sagtest einst, es würde dir eher möglich sein, zu meiner Einfalt zu kommen als mir zu deiner Klugheit. Nun bin ich wohl zu Weisheit gekommen, nie aber wirst du bei der Einfalt einkehren und ihre Gaben empfangen."

PREISET (den Herrn, denn er ist gut)

DIE GESCHICHTE VOM KÖNIGSSOHN UND DEM SOHN DER MAGD

Es war vor vielhundert Jahren, da herrschte weit von hier ein großer König, der regierte gar gütig über ein weites und fruchtbares Land. In seinem Palaste war eine Magd, die tat der Königin treue Dienste, und deren Herz war ihr hold und geneigt. Es war der Königin Gürtelmagd, sie hatte nur leichte Verrichtung und diente ihrer Frau im Hause des Königs.

Da kam der Tag, da die Königin einen Sohn gebären sollte, und zur selben Stunde sollte solches auch der Magd widerfahren. Die Diener holten eine weise Frau herbei, die genoß um ihrer Klugheit und geheimer Künste willen ein großes Ansehen rings im Land. Sie hob den Sohn des Königs ans goldene Sonnenlicht und hob auch den Sohn der Magd. Dann hüllte sie das Königskind in grobes Linnen und legte es neben die schlafende Magd, das Kind aber, das die Magd geboren als eines Knechtes Sohn, wickelte sie in weiche Seide und bettete es auf das Lager der Königin. Als die Mütter erwachten, herzte jede das Kind in ihrem Arm.

Die Knaben wuchsen schön und kraftvoll heran. Der Sohn des Knechtes wurde im Palaste geehrt und erhoben über alle Söhne des Landes. Er war der nächste unter dem König und saß auf silbernem Sessel neben dem Throne. Er wurde unterwiesen in allem, worin die Weisen des Landes und die Räte des Königs kundig waren.

Der Sohn des Königs aber blühte auf unter dem niederen Dache eines Knechtes, und der Grund seines Herzens und sein helles Auge waren die einzigen Quellen seiner Weisheit. Wiewohl er einen niederen Mann Vater nannte, fand man an ihm stolze Art und ein freies Wesen. Über alles liebte er die einsamen Pfade des Gebirges und mied es, der Lärmenden Genoß zu sein.

Dem aber, der im Palaste weilte, war fremd und kalt zumute in dem blanken Schimmer der Königshalle, und er blickte oft hinaus, wo zwei Säulen sich öffneten und des Himmels Farbe hineinschien, und sein Herz zog ihn zu dem Ackersmann, der mit dem Pfluge die schwarze Erde durchschnitt.

Die weise Frau aber hauste draußen vor der Stadt, wo der Wald anhebt, in einem Hüttlein. Sie war gar grau und trug die Last vieler Jahrzehnte und fühlte ihren Tod nahen. Da bedrückte sie das Geheimnis gar sehr, daß sie des Königs Sohn vertauscht hatte mit dem Sohne der Magd. Und ob sie gleich sehr weise war und verborgener Kräfte kundig, verursachte es ihr doch nach der Weiber Art Pein, ihr Geheimnis in ewige Weile zu verschweigen.

Da trat sie an das Fenster ihrer Hütte und redete es gar behutsam vor sich hin, daß es keiner vernehme als nur der Wind, der die Blätter der Birke regt. Der Wind jedoch trug es eilends den Weibern und Kindern zu, die im Walde Schatten und süße Beeren suchten. Die Frauen erzählten es daheim ihren Männern, und jeder Mann vertraute es beim Abendtrunk seinem liebsten Freund. Die Männer der Stadt aber redeten so untereinander: „Lasset uns das Geheimnis wohl vor dem König bewahren, auf daß Unheil und Zweifel seine alten Tage nicht heimsuchen! Denn was sich ereignet hat, ist nicht zu bessern. Sollen wir den Jüngling, der in niederem Hause großwuchs, dereinst als König über uns setzen? Und kann nicht auch alles Lüge sein und eine müßige Mär?“

Dennoch war einer in ihrer Mitte, der ging hin und verriet es dem falschen Königssohne und sprach: „Wisse, daß viele im Volke sind, die dich als den Sohn der Magd erachten, und gar leicht, denk’ ich, möchte einst die Zeit kommen, da sich das Land wider dich empört und jenen an deine Stelle hebt, trägst du nicht beizeiten Sorge, daß er verderbe.“

Als der falsche Königssohn dies vernahm, ging er in die dunkelste Kammer seines Schlosses und sann Böses. Von Stund an verließ ihn der Unmut nicht mehr. Er ritt im Morgengrauen mit seinen Genossen aus und zertrat die Saat auf den Feldern des Mannes, der in Wahrheit sein Vater war. Und fortan tat er ihm Schaden an, wo er konnte.

Es kam die Zeit, da der König alt war und starb,

und der falsche Königssohn bestieg den Thron und regierte das Land. Nun bedrückte er den Knecht immer grausamer. Der aber verstand gar wohl, warum ihm so geschah; und er sprach zu seinem Pflegling, der in Wahrheit der Königssohn war, und erzählte ihm, was die Leute von ihm redeten, und wie der König einen Haß auf ihn geworfen habe. Und er sprach: „Siehe, ich habe ein großes Erbarmen über dich: Bist du mein Sohn, wie sollte ich nicht trauern, da jener dich vernichten will? Bist du aber der Königssohn, wie sie sagen, dann gebührt dir ein solches Schicksal fürwahr nicht. Darum fliehe aus dem Lande."

Da versank der Jüngling in Schwermut und fand keinen Rat bei sich. Der König aber verfolgte ihn mit Unbill aller Art, und sein Haß wuchs mit jeder Morgenröte. Endlich wurde jener willens zu fliehen. Sein Pflegevater gab ihm, was er an Gold besaß, und ließ ihm reiche Gewänder anfertigen. Und der Jüngling zog traurig aus dem Lande.

In der Fremde verbrachte er seine Tage müßig, vertrank seine Goldstücke des Abends mit den jungen Leuten in den Schenken und warf sie den gleißenden Tänzerinnen zu. Aber sein Herz blieb schwer.

Der falsche König regierte indessen sein Land hart und ohne Gnade. Wenn er mit düsterem Angesicht durch die Straßen seiner Stadt hinging und alle sich vor ihm neigten, glaubte er allemal ein Flüstern aus der Menge zu vernehmen, das ihn Sohn des Knechtes schalt. Und er

wandte sich finster ab und verhängte neue Pein über sein Volk.

Eines Tages zog er mit seinem Gefolge auf die Jagd, und sie kamen an einen Ort, wo es dem Könige lieblich dünkte zu weilen. Und er legte sich unter einem Baum zur Ruhe. Und der Baum stand in Blüte und neigte seine Zweige über ein helles Wasser. Da kam es den König an, daß er ein Unrecht verübt und einen Unschuldigen vertrieben habe. Dies legte sich schwer auf seinen Sinn und nahm alle Lust von ihm, also daß er seine Leute umkehren hieß. Als er aber im Palaste weilte, wich die Sorge von ihm, und er tat wie vordem.

In derselben Zeit hatte der wahre Königssohn eines Nachts einen wunderlichen Traum. Er sah einen Markt vor sich, und es wurde ihm im Schlafe befohlen, auf diesen Markt zu gehen, dort würde einer auf ihn zukommen und ihm Arbeit weisen, die solle er auf sich nehmen, auch wenn sie ihm beschwerlich und niedrig schiene. Er erwachte, und der Traum war ihm tief in die Seele gedrungen. Dennoch schlug er sich ihn aus den Gedanken und lebte bei Spiel und Gelage wie zuvor. Aber der Traum überkam ihn zum andern Mal, und er kam wieder und immer wieder und lastete arg auf seinem Gemüte. In einer Nacht hatte er den Traum abermals, und er hörte die Stimme sagen: „Willst du dich deiner erbarmen, so versäume dich nicht und tue alsbald, wie dir geheißen ist."

Da erhob er sich beim Tagesgrauen vom Lager, hüllte sich in das schlichte Gewand eines Dieners, verschenkte, was er noch an Gold und kostbaren Kleidern besaß, an die Leute in der Herberge und zog zur Stadt hinaus, den Weg, den ihm die Stimme gewiesen hatte. Nachdem er eine gute Weile unterwegs war, sah er in der Ferne einen Markt und erkannte den Ort wieder, den er im Traum gesehen hatte.

Gleich zu Beginn des Marktes trat ihm ein Kaufmann entgegen und sprach ihn also an: „Begehrst du Arbeit, so verdinge dich bei mir als Viehtreiber, ich brauche noch einen." Dem Jüngling schien es hart, aber der Traum beherrschte ihn, und er willigte ein. Und der Kaufmann hieß ihn hierhin und dorthin und gebot ihm nach der Art eines rauhen Herrn. Und es erschien ihm ein böses Ding, dienen zu müssen und mit den anderen Hirten neben dem Vieh einherzulaufen. Der Kaufmann ritt neben den Herden und strafte die unachtsamen Treiber mit grausamen Stockschlägen. So zogen sie durch einen dichten, dunklen Wald.

Da wichen zwei Tiere aus der Herde des Jünglings vom Wege ab und verschwanden zwischen den Bäumen, die so eng nebeneinander standen, daß es schien, als ob sie ihr Geäst zu einer einzigen großen Krone verflochten hätten. Der Kaufmann fuhr auf ihn los und drohte ihn zu töten. Der Jüngling eilte den Tieren nach, und da sie sich

im Dickicht stets von neuem seinen Blicken zeigten und verschwanden, geriet er immer tiefer in den Wald. Als er endlich erschöpft innehielt, gewahrte er, daß die Nacht im Walde eingekehrt war. Das Grausen der großen und fremden Wildnis überfiel ihn; schauervoll drang das Brüllen des Getiers zu ihm. Er stieg auf einen Baum und verbrachte die Nacht in dem starken und dichten Gezweige.

Als er am Morgen um sich blickte, standen seine beiden Tiere friedlich unter dem Baume. Er stieg hinab, um sie zu greifen, aber da er Hand an sie legen wollte, flohen sie wieder, und wieder jagte er ihnen nach. Zuweilen blieben sie in einer Lichtung stehen, um etwas Gras zu fressen, kam er aber heran, so lockten sie ihn wieder tiefer in den Wald. Er folgte ihnen bis in die dichteste Mitte des Waldes, wo die wilden Tiere hausen, die die Furcht nicht kennen, weil sie fern von den Wohnstätten der Menschen sind. Wieder brach die Nacht an, und der Schrei der Wildnis drang gräßlich an sein Ohr. Er bestieg einen sehr hohen Baum, und siehe, da lag ein Mensch. Er erschrak; aber da er gewahrte, daß es ein Wesen war wie er, machte es ihn froh, nicht mehr allein zu sein, und er fragte den anderen: „Wer bist du, Mensch?"

Und der andere fragte ihn zurück: „Wer bist du, Mensch, und woher bist du gekommen?"

Und der Jüngling gab ihm Bescheid: „Zwei Tiere, die sich von der Herde entfernten, haben mich hierher verlockt; aber sage mir, wie bist du hierher gekommen?"

Da antwortete ihm jener: „Mich hat mein Pferd an diesen Ort gebracht. Ich stieg ab, um zu ruhen, da entlief das Tier, ich jagte ihm nach und vermochte nicht, es einzuholen, und kam endlich hierher." Da besprachen sie sich und kamen überein, daß sie zueinander halten wollten für alle Zeiten, auch wenn sie in das Reich der Menschen zurückkämen.

Als aber die Nacht der Dämmerung zu weichen begann, erscholl die Stimme eines gewaltigen Lachens dröhnend über den Wald hin und machte ihn erzittern, und wie der Sturmwind ergriff sie den Baum, auf dem die beiden lagen, und bog ihn zur Erde nieder und schnellte ihn wieder in die Luft, also daß den Jüngling das Grauen überkam. Da sprach sein Genosse zu ihm: „Ich habe jetzt keine Furcht mehr, denn ich bin schon mehrere Tage und Nächte an diesem Ort, und jedesmal, wenn die Finsternis zu schwinden beginnt, braust dieses Lachen über den Wald."

Und der Jüngling antwortete ihm: „Offenbar ist dieses ein Ort der Geister, denn nie, solange die Welt besteht, ist im Reiche der Menschen eine Stimme gehört worden wie diese."

Bald darauf wurde es lichter Tag, und siehe, da standen die Tiere des Jünglings unter dem Baume, und auch das Pferd seines Gefährten hatte sich eingefunden. Sie stiegen zu Boden, die Tiere entwichen wieder, und jeder folgte den seinen in den Wald hinein, und so entfernten sie sich voneinander. Und wie der Jüngling dahinlief, sah er plötzlich etwas zu seinen Füßen liegen, und da er sich niederbeugte, war es ein Sack, mit schönem frischen Brot gefüllt. Da stillte er seinen Hunger und war voller Freude, denn was hätte er Besseres finden können in der Wildnis? Als er sich gesättigt hatte, nahm er den Sack auf seine Schultern und folgte den Tieren weiter.

Aber wo der Wald ins tiefste Dunkel mündet und unentwirrbar wird, trat ihm auf seinem Weg ein Mann entgegen, fast nach Menschenart, jedoch so seltsam, wie er noch nie ein Wesen gesehen hatte. Wirre braunrote Haare wehten wie Flammen um sein erdgraues Gesicht, in dem tief eingebettet zwei grüne Augen wie große Malachitkugeln lagen. Sein Gewand schien aus der Haut von tausend Eidechsen gefertigt zu sein. Er blitzte den Jüngling mit den Augen so durchdringend an, daß der gebannt nicht von der Stelle weichen konnte. Das Waldwesen aber sprach ihn also an: „Wie bist du hierher gekommen?"

„Und wie bist du hierher gekommen?" fragte der Jüngling zurück.

Da antwortete es: „Ich bin hier von Uranbeginn, – aber du, wie kommst du hierher? Denn niemals noch gelangte einer aus dem Reiche der Menschen an diese Stätte."

Da merkte der Jüngling, daß sein Begleiter kein Mensch war. Der Waldgeist aber tat ihm nichts Böses an und fragte noch einmal: „Was suchst du hier?"

Darauf erwiderte jener: „Ich jage zwei Tieren nach, die sich von meiner Herde entfernt haben." Da sprach der Waldgeist: „Genug! Nun komm' mit mir." Und der Jüngling ging hinter ihm her und wagte nicht, ihn anzusprechen. Unterwegs traf er auf seinen Genossen der Nacht, und er gab ihm ein Zeichen, daß er mitkommen möge. Da bemerkte der den Sack mit Brot auf seinen Schultern und begann ihn anzuflehen: „Mein Bruder, ich habe so viele Tage nicht gegessen, gib mir Brot."

Er antwortete: „Wie kann ich dir mein Brot geben? Bedenk', womit werde ich mein eigenes Leben fristen in dieser Wildnis?"

Der andere aber bat und drängte weiter und sprach: „Ich will dir mich selbst völlig zu eigen geben als dein Knecht, wenn du mir von dem Brote gibst." Und der Jüngling nahm ihn an als seinen ewigen Knecht, und jener schwur mit Eiden, daß er ihn nie verlassen wolle; und der Jüngling gab ihm von dem Brote, soviel er essen mochte.

Sie folgten nun gemeinsam dem Waldgeist. Und endlich kamen sie aus dem Walde in ein düsteres Tal. Der Boden war von Schlangen und Salamandern bedeckt, die ihre feuchten glatten Leiber übereinander wälzten. Und der Jüngling fragte den Waldgeist: „Wie werden wir hier durchkommen?"

Der antwortete ihm: „Scheint dir dieses schon wunderbar, um wieviel wunderbarer wird es dich dünken, daß du in mein Haus kommen wirst?" Und er zeigte ihnen sein Haus, das hoch über ihren Köpfen in der Luft stand. Er ergriff sie bei den Händen und hob sich mit ihnen in die Luft und brachte sie unversehrt in sein Haus. Dieses war angefüllt mit absonderlichen Geräten, deren Bedeutung der Jüngling nicht kannte; aber es fand sich auch alles darin, was ein menschliches Wesen zu seinem Unterhalt gebraucht. Der Waldgeist stellte ihnen gute Dinge zum Essen und zum Trinken im Überfluß auf den Tisch und verließ das Haus, wie er gekommen war.

Jene aber blieben und sättigten sich. Da verdroß es den Knecht sehr, daß er sich verkauft hatte um einer Stunde willen, denn nun hatte er ja Speise in Fülle. Er seufzte und stöhnte laut: „Wie komme ich zu einem solchen Leben? Wie komme ich dazu, Knecht zu sein?“

Da fragte ihn der Jüngling: „Von was für einer Größe kommst du denn her, daß es dich dergestalt verdrießt zu dienen?"

Darauf antwortete ihm jener und erzählte ihm, wie er ein mächtiger König gewesen sei im Reiche der Menschen, und wie sie im Volke geraunt hätten, daß der wahre König als Kind nach der Geburt entfernt worden sei und im Hause eines Knechtes als dessen Sohn lebe, indessen er, des Knechtes Sohn, auf dem Throne sitze; und wie er jenem seither viel Böses angetan habe, bis daß er das Land verließ. Und weiter erzählte er, eines Nachts sei ein Traum über ihn gekommen und die Stimme des Traums habe ihm befohlen: „Wirf dein Königtum von dir und gehe hin, wohin deine Augen dich führen, denn du mußt deine Schuld sühnen". Er habe des Traums nicht geachtet; der aber sei immer wiedergekehrt, und keine Nacht habe er Ruhe gefunden, bis er endlich tat, wie ihm geheißen war, und das Königtum von sich warf und dahinging; und nun war er ein Knecht geworden.

Alles dies vernahm der Jüngling und schwieg; und er verstand, wer sein Genosse war. In der Abenddämmerung aber kam der Waldgeist und reichte ihnen Speise und Trank und bereitete ihnen ein Lager.

Gegen Morgen erscholl wieder die Stimme des gewaltigen Lachens über den Wald hin. Der Knecht redete dem Jüngling zu, den Waldgeist zu fragen, was das sei. Und er fragte ihn: „Was ist diese Stimme, die in der Morgenfrühe über den Wald braust?"

Da sprach der Geist: „Das ist das Lachen, mit dem der Tag die Nacht auslacht, wenn sie beim Nahen der Dämmerung ihn fragt: ‚Warum habe ich keinen Namen mehr, wenn du kommst?' Da bricht der Tag in ein Gelächter aus und nimmt Besitz von der Erde." Und nachdem er dies gesagt hatte, verließ sie der Waldgeist wie vordem, und er kehrte erst am Abend zurück.

In der Nacht aber hörten sie in einem mächtigen Anschwellen die Stimmen aller Waldtiere; und sie erkannten das Brüllen des Löwen und das schaurige Geheul des schweifenden Pardeltieres und das süße Gurren der Waldtaube und den Schrei des Hirsches, und immer neue Stimmen mengten sich darein. Erst klang ihnen alles wie ein großes Gewirr; je mehr sie aber ihr Ohr hinneigten, empfanden sie, daß es die erhabene Weise eines wunderbaren Liedes war, also daß ihnen alles Glück der Erde eitel dünkte gegen die starke Wonne dieses Gesanges.

Und es beredete der Knecht den Herrn, den Waldgeist zu fragen, was das sei, und der tat also.

Da antwortete ihm der Geist: „Die Tiere des Waldes haben vernommen, daß die Sonne dem Mond ein neues Silbergewand beschert hat. Und da der Mond ihr Wohltäter ist und sein Licht über ihre nächtlichen Wege streut, denn die Tiere des Waldes bergen sich am Tag und

wachen des Nachts, so haben sie beschlossen, ihn zu ehren mit einem Liede und haben die Weise erdacht, die ihr gehört habt." Und da sie sich des verwunderten, fuhr er fort: „Erscheint euch dieses schon seltsam, um wieviel mehr werdet ihr erstaunt sein, daß ich einen wundersamen Stab besitze, in dem die Kraft lebt, daß jedes Tier, das man damit berührt, diese Weise singen muß!"

Am dritten Morgen aber führte sie der Waldgeist aus seinem Hause durch die Luft auf den Waldweg, wo er sie gefunden hatte, und er sprach zu ihnen: „Kehret nun in das Reich der Menschen zurück!"

Da erwiderte ihm der Jüngling: „Wohin sollen wir uns wenden?"

Der Waldgeist sagte: „Forschet nach dem Lande, das genannt wird das närrische Land mit dem weisen König!" Und er wies ihnen die Richtung des Weges. Und zum Abschied reichte er dem Jüngling den wunderbaren Stab, von dem er gesprochen hatte, als Gabe und hieß ihn guter Dinge sein und verschwand.

So machten sie sich denn auf den Weg und kamen in den Bereich der Menschen und gingen weiter, bis sie zu dem Lande gelangten, das genannt wurde das närrische Land mit dem weisen König. Das Land war von einer Mauer umgeben, und sie mußten sie mehrere Meilen umgehen, bis sie an das Tor kamen. Als sie eintreten wollten, verweigerte ihnen der Torwart den Einlaß. Da rief der Jüngling: „Das ist fürwahr ein närrisches Land, das keinen Wanderer einläßt!"

Der Mann am Tor erwiderte ihm: „Bislang nannte man unser Land das närrische Land mit dem weisen König, aber nun ist unser König gestorben, und er hat bei seinem Tode befohlen, daß man nach ihm das Land nenne das weise Land mit dem närrischen König, bis einer kommen würde, der es durch seine Weisheit unternähme, den ersten Namen wiederherzustellen, und der solle König werden an seiner Statt. Daher lassen wir keinen ein, er unterfange sich denn solcher Tat. Bist du dazu bereit, so tritt ein."

Das wagte der Jüngling nicht und trat gesenkten Hauptes zurück. Der Knecht sprach ihm zu, sie sollten nach einem andern Lande ziehen, denn hier sei doch ihres Bleibens nicht. Er aber wollte es nicht, denn er gedachte der Worte des Waldgeistes.

Inzwischen gesellte sich noch ein Mensch zu ihnen im schwarzen Kleide, der auf einem ganz schwarzen Pferde saß. Er ritt auf sie zu und blickte den Jüngling an, dem wunderlich zumute ward; und es war ihm, als sei er gezwungen, mit seinem Stabe das Pferd zu berühren. Er tat es, und das Pferd begann die Mondweise zu singen mit einer gar köstlichen Stimme. Da lachte der schwarze Mann und sagte höhnisch: „Willst du in Ewigkeit nur Spiel und Schabernack treiben mit deinem Stabe? Und ist dir nicht in den Sinn gekommen, daß er dir zu Besserem verliehen ist? Du Tor! Ist dir nicht offenbar worden, daß dies Gerät aus jedem Wesen die eigene Stimme seines Herzens lockt und daß du, solang' du es besitzest, jedes

Ding aus dem Herzen des Dinges verstehen kannst?" Und nach diesen Worten wendete der Fremde sein Pferd und ritt davon.

Da verstand der Jüngling, warum ihn der Waldgeist hierher gewiesen hatte, und er kehrte zum Tore zurück und begehrte Einlaß und vermaß sich, die Tat zu vollbringen. Die Wache führte ihn zu der Versammlung der Fürsten. Die saßen im Königssaale rings im Kreis und waren in großen Nöten und wußten sich keinen Rat. Und die Fürsten sprachen zu ihm: „Wisse, daß auch wir keine Narren sind, aber der verstorbene König war ein großmächtiger Weiser, also daß wir alle gegen ihn nur als Narren geachtet sind; darum nannte man das Land das närrische Land mit dem weisen König. Und der König hinterließ einen Sohn; auch er ist weise, aber nur so viel, daß er gegen uns ein Narr ist; und deswegen hat der alte König sterbend befohlen, daß der Name des Landes umgekehrt werde, bis einer käme, der ihm an Weisheit gleich wäre und den ersten Namen wiederherstellte. Dem, der das vermag, solle sein Sohn die Herrschaft übergeben. Wisse also, Jüngling, wessen du dich unterfängst, und daß die Prüfung schwer ist.

In unserer Stadt ist ein wundersamer und furchtbarer Garten, der in uralter Zeit von einem Riesengeschlechte gepflanzt wurde. Darin wachsen gewaltige Waffen von Stahl und silbernes Kriegsgerät und goldenes Kriegsgerät auf weitem Feld wie Bäume aus der schwarzen Erde hervor. Betritt jedoch ein Mensch den Garten, dann erheben sich die Geister des vergangenen Riesengeschlechtes, das ihn gepflanzt hat, und verfolgen ihn, und er wird von unsichtbaren Mächten gejagt, bis er aus dem Garten flieht. Nun wollen wir sehen, ob du ein Weiser bist und die Geister zu bezwingen vermagst."

Der Jüngling ließ sich den Weg zum Garten zeigen. Ringsum war eine Mauer gezogen, ein verrostetes Tor hing offen in den Angeln, kein Wächter war zu sehen, und im weiten Umkreis gewahrte er nichts Lebendiges. In einer Vertiefung der Mauer neben dem Tor stand hinter silbernem Gitter die Bildsäule eines Menschen mit goldener Krone und goldenem Königsmantel, aber das Antlitz und die Hände waren aus Elfenbein. Über dem Bilde war eine alabasterne Tafel in die Mauer eingelassen, darauf standen in leuchtenden Zeichen die Worte: „Der hier steht, war ein König dieses Landes in alter Zeit, und vor ihm und nach ihm war ewiger Krieg, aber zu seinen Tagen war Friede." Der Jüngling berührte das Gitter, und alsbald sprang es auf. Da verstand er, daß ihm geboten war, durch diesen König die Geister zu bannen und den Garten zu erlösen.

Er ergriff die Bildsäule und betrat mit ihr den Garten und stellte sie in der Mitte des Gartens auf. Nichts regte sich, und er kam in Frieden heraus. Da ging er hin und sagte es den Fürsten an, und sie kamen herbei, und er führte sie in den Garten in Frieden.

Dann sprachen die Fürsten zu ihm: „Wiewohl wir dies gesehen haben, können wir dir doch das Königreich um der einen Tat willen noch nicht geben. Du mußt eine zweite Prüfung bestehen.

Von alter Zeit her ist in unserm Lande ein hoher geschnitzter Thronsessel in einer marmornen Säulenhalle auf einem Hügel in der Mitte des Reiches errichtet. Der Stuhl ist aus dem Holze eines heiligen Baumes geschnitzt und wunderbar verziert mit den Gestalten aller Tiere und Gewächse, die es im Lande gibt. Vor ihm steht ein Tisch, und auf dem Tische steht ein Leuchter mit sieben Armen. Und ehedem war es so, daß jeder, der auf dem Thronsessel saß, das ganze Land überschaute, und es blieb ihm keine Tat geheim, die darin geschah. Und wer die sieben Arme des Leuchters entzündete, erkannte alle Gedanken, die rings im Lande gedacht wurden.

Aber seit dem Tode des alten Königs trüben sich dem auf dem Stuhle die Augen, und er sieht nicht mehr, was ihn umgibt; und der Leuchter brennt nicht mehr, wenn man ihn entzünden will. Vom Thronsessel aus aber gehen viele Wege, gleich den Strahlen eines Sternes, nach allen Richtungen durchs ganze Land. Und inmitten jedes Wegs steht ein geflügeltes, goldenes Tier. Und ehedem sangen alle Tiere um Mitternacht eine wunderbare Weise. Aber seit dem Tode des alten Königs verharren sie in Schweigen, und wenn ein Mensch ihnen naht, reißen sie den Rachen auf und verschlingen ihn. Und das ganze Volk lebt in Angst und Bestürzung, und niemand ist, der verstünde, wie all dies gekommen sei. Nun wollen wir sehen, ob du ein Weiser bist und es wiederherzustellen imstande wärest, wie es gewesen ist."

Und sie führten ihn in die Halle zu dem Stuhle. Als er ihn ansah, wußte er, daß er aus demselben Holze geschnitzt war wie der wunderbare Stab, den ihm der Waldgeist geschenkt hatte. Und er ging hinzu und betrachtete ihn genau, um zu sehen, was damit geschehen sei, daß er seine Kraft verloren habe. Da bemerkte er, daß an der Spitze des Sessels ein winziges geschnitztes Röschen fehlte. Er ging umher und suchte und fand es verborgen unter einem Steine der Halle und fügte es dem Throne ein. Dann betrachtete er den Leuchter und fand, daß er von der Mitte des Tisches um ein weniges abgerückt war, und er brachte ihn an seine rechte Stelle. Hierauf bestieg er den Stuhl und entzündete den Leuchter.

Er überschaute das ganze Land und alle Gedanken und Taten, die vergangenen und die gegenwärtigen. Und er begriff, daß der alte König vor seinem Tode alles mit Absicht so verwirrt hatte, auf daß der Weise gefunden werde, der es wiederherstellen und jedes Ding an seinen rechten Ort bringen könnte. Und er sah die Tiere auf den Wegen stehen und bemerkte, daß auch sie um ein weniges von ihrer Stelle gerückt waren. Er ließ alle Tiere an ihren alten Ort rücken, und die Tiere ließen die Menschen an sich herankommen. Und als das letzte Tier an seine Stelle kam, da war es Mitternacht, und alle stimmten die wunderbare Weise an.

Da gaben sie dem Jüngling das Königtum. Und er sprach zu seinem Knechte: „Nun verstehe ich, daß ich in Wahrheit der Königssohn bin und du in Wahrheit der Sohn der Magd."

WELCH VIELFACHEN (Grund zur Dankbarkeit
hat der Herr uns gegeben)

Die Geschichte vom Meister des Gebets

Es lebte einst ein Mann, welcher der Meister des Gebets geheißen wurde. Er diente Gott alle Tage seines Lebens mit Lobpreisung und Gesängen und besaß in diesem Tun eine Kraft und Vollkommenheit, wie sie nie noch auf Erden in der Seele eines Erschaffenen erstanden war. Fern von den Wohnungen der Menschen hatte er seinen Ort erwählt an einem stillen, rings umschatteten See. Zuweilen geschah es, daß er sich aufmachte, die Stätte seiner Sammlung verließ und die Welt der irdischen Geschlechter heimsuchte. Da schloß er sich an diesen und jenen, der ihm von ungefähr begegnete, begann zu ihm zu reden und erhob, von Gesprächen über die Dinge der Erde mit dem zutraulich werdenden Gefährten emporsteigend, dessen Seele und führte sie allgemach dem letzten Sinne alles Seins zu. Und manches Mal ereignete es sich, daß Ohr und Herz des andern sich ihm auftaten und seine Rede eingehen ließen, und dieser Mensch tat eilig alle Bande und alle Lust des Lebens von sich ab gleich einem hemmenden Gewande und folgte ihm.

So wuchs eine Siedlung an den Ufern des Sees und festigte sich. Der Meister aber verstand in seinem wissenden Herzen gar wohl, was einem jeden aus seiner Gefolgschaft not tat, um ihm zu heiligem Fluge den Trieb zu geben, und so ließ er den Reichen dürftig und entbehrend leben, daß der schlichte Sinn in ihm wach sei, dem aber, der ein Bettler gewesen war, warf er goldbestickte Kleider über zur Feier seiner Seele.

Indessen schwoll in den Gebieten der Menschen die Klage um die Verschwundenen, und bald wurde dem fremden Manne auf allen Wegen nachgestellt. Aber niemals vermochte ihn einer zu erreichen, denn ihm war die Gabe eigen, sich in jede menschliche Erscheinung zu wandeln, die er erdenken konnte. Unberührt wirkte er mit seinem Worte und führte, die sein geworden waren, hinweg.

Zu der gleichen Zeit gab es in dem Bereiche der Welt ein Land, das wurde nach der Art seiner Bewohner das Land des Reichtums geheißen. Die suchten und sahen das Ziel ihres Lebens einzig im Gelde und wollten kein anderes Verdienst und keine andere Vollkommenheit anerkennen als den Besitz. So waren alle Würden und Stufen bei ihnen nach dieser Geltung angeordnet. Es bedurfte eines bestimmten Maßes an Eigentum, um einfach ein bloßer Mensch zu sein; wer nicht so viel besaß, stand tiefer und war in ihrer Schätzung dem Rang nach ein menschenähnliches Tier oder ein kahles Vogelwesen und so, Tier oder Vogel, wurde er gerufen. Wem mehr als jenes Mindestmaß zu eigen geworden war, wurde in der Würde erhoben, und ein sehr Reicher stand den Sternen nah, denn er habe, so meinten sie, die Gewalt der Sterne, die das Gold im Schoß der Erde wachsen lassen. Die Allerreichsten aber, die das Ihre nimmer umfassen oder auch nur überschauen konnten, die erhoben sie zu Göttern über sich und dienten ihnen im Staube. Alljährlich war geboten, daß jeder seinen Besitz nachweise, auf daß er sich in seiner Würde erhalte oder steige oder falle, und da konnte denn zuweilen aus einem Menschen ein Tier werden und aus einem Tiere ein Mensch.

Weil sie nun dergestalt Ordnung, Gesetz und Herrschaft nach dem Willen ihres Glaubens bestimmt hatten und in diesem den einzigen Sinn und das wahre Wesen des Daseins gefunden zu haben wähnten, wuchs und schwoll ihr Stolz ins Ungemessene, und endlich fanden sie, daß es ihrer Erhabenheit nicht mehr gezieme, innerhalb der Grenzen der Welt, unter den gewöhnlichen Menschen zu weilen; und sie zogen allesamt in ein Gebirge am Rande der Erde, denn sie vermeinten, daß es ihnen auch äußerlich anstehe, höher zu wohnen als die übrigen Erdenvölker und auf sie hinabzusehen.

So bevölkerten sie in einzelnen Scharen die Höhen des Gebirges, verschütteten die Wege, die von ihnen in die Welt hineinführten, und ließen jedem Berge nur einen heimlichen Zugang. Diese verborgenen Pfade aber besetzten sie mit Wächtern, die sie unter den Ärmsten und Besitzlosen wählten, denn diese vergaben ihrer Würde nicht allzuviel, wenn sie auf dem Wege zu dem verachteten Weltbezirke verweilen mußten.

Im Lande jedoch ging es immer wilder und wüster zu. Raub und Mord herrschte überall als das große Mittel zur Vollkommenheit; Barmherzigkeit aber und hilfreiche Darbietung wurde für schändlichen Wahnsinn erachtet.

Man brachte den Reichsten, die als Götter galten, Menschentiere zum Opfer, und mancher zögerte nicht, jenen selbsteigen sein Leben zu opfern, denn hierdurch hoffte er bei der nächsten Wiederkehr ins Dasein gleichfalls als Reicher und Gott zu erscheinen.

Es fügte sich aber, daß dem Meister des Gebetes Kunde ward von diesem Lande, und sogleich überkam ihn ein abgründiges Mitleid mit den armen Toren, und er beschloß aus all seiner Kraft, sie zurecht zu führen. So machte er sich auf und suchte die Wächter auf und redete ihnen zu, so recht aus dem Quell seines gütigen Herzens, von der Eitelkeit des Geldes und dem wahren Sinn der Welt. Aber sie achteten seiner nicht, denn waren sie gleich bitter arm und würdelos und standen nur auf dem Wege, der zu den gewöhnlichen Menschen führte, so war ihnen die Lehre von der Göttlichkeit des Goldes doch tief und sehnsüchtig im Herzen heimisch. So ließ der Meister sie denn und wandelte seine Erscheinung und gelangte heimlich in das Land. Da versuchte er alsbald wieder in die erstarrten Seelen der Leute zu dringen, aber all seine innerliche Gewalt war ohnmächtig, und er mußte ohne Werk von hinnen gehen, gedachte aber bald zu neuem Streiten wiederzukehren.

In jenen Tagen weilte auf Erden ein gewaltiger Held, seine Tat war die Eroberung, und er begehrte, alle Länder sich zu unterwerfen. Viele Reiche waren ihm schon untertan und ihre Bewohner lebten friedlich unter seiner schutzreichen Hand. Wer sich ihm ergab, erlitt nicht Schaden an Besitz und Leben, aber er vernichtete jeden,

der ihm zu widerstehen wagte. Er pflegte in jedes Land, dem er auf seinem Zug sich nahte, Boten zu senden und Unterwerfung zu heischen, und erst wenn sie ihm verweigert wurde, kam er mit seinen Waffen über das Volk und machte es sich untertan.

Nun geschah es, daß die Leute im Lande des Reich-

tums durch Kaufleute, die von ihnen ausgezogen waren in die verachteten übrigen Gebiete der Welt, um dort für ihre Großen neue Schätze zu sammeln, vernahmen, daß jener große Eroberer sich auf dem Wege zu ihrem Reiche befinde und es zu bezwingen gedenke. Eine ungeheuerliche Angst überkam sie. Nicht die neue Herrschaft fürchteten sie dermaßen. Aber sie hatten erfahren, daß der Held das Gold gering schätze, ja mißachte, und nicht dulde, daß man seinen Besitz ehre. Und so war es ihr Glaube und ihre Lebensordnung, die sich des Angriffes zu erwehren hatten.

Daher hielt das Volk einen großen Rat; und wieder waren es die Kaufleute, die Umschau in allen Breiten der Erde getan hatten und von einem Lande wußten, dessen Reichtum den des ihren, ja, jede Menschenvorstellung weit übertreffe, also daß alle seine Bewohner Götter an Macht durch ihren Besitz seien. Diese, vermeinten sie nun, hielten sicherlich die Hilfe in ihren goldstrotzenden Händen.

Während aber der Rat tagte, hatte der Meister des Gebetes wiederum einen Gang in dieses seltsame Land getan. Wie das erste Mal, begann er mit den Wächtern zu reden, und sie erzählten ihm, wie ein unbesiegbarer Held ihr Gebiet bedrohe und wie ihre Großen gedächten, in das Land der Götter um Hilfe gegen den Heranziehenden zu senden. Da brach er in ein Gelächter aus und verwies ihnen solche Narretei und sprach ihnen von Gott, dem Quell und Stromziel alles inneren Lebens. Und diesmal folgten die Wächter mit halbem Ohr seiner Rede, und zum Ende sagte einer: „Und was soll ich da tun, bin ich doch ein Einzelner und ein Machtloser!"

Da schien es dem Meister, als habe sich schon ein Großes ereignet mit dieser Antwort, und er ging weiter in die Stadt, wo er überall von dem Kriegsmann reden hörte und von der drohenden Not um den Glauben. Er mischte sich unter allerlei Leute und lauschte ihnen und versuchte, ihnen die Nichtigkeit ihres Sinnes zu erweisen. Während sie ihm aber von dem Helden und seinen Taten berichteten, sagte er einmal zu sich selbst: „Sollte er dies sein?" – und es war, als ob er jenen kenne.

Das hatten einige bemerkt, die schon über ihn erbost waren, weil er ihr Gesetz verspotte; die nahmen ihn auf der Stelle fest und brachten ihn vor die Ältesten, auf daß sie ihn richten sollten als einen Lästerer des Glaubens und als einen, der mit ihrem Widersacher im Bunde sei. Die Richter begehrten nun von ihm zu wissen, ob er jenen Eroberer kenne. Der Meister antwortete: „Ich diente vor Zeiten einem Könige. An seinem Hofe lebte ein Held. Ist es dieser, wie ich glaube, der euer Land bedroht, dann kenne ich ihn. Weiter aber sollt ihr wissen, daß dieses Götterland, von dem ihr Hilfe erwartet, dem Untergange nahe ist und auch euer Verderben birgt, wenn ihr euch ihm nähert." Da hielten sie ihn für einen Narren. Aber gleichwohl fragten sie ihn: „Woher nur stammt dir solche Wissenschaft?" Worauf er anhub und erzählte:

„Der König, von dem ich euch sprach, besaß ein wun-

derbares Gebilde, das lieh seine Form von einer Hand mit all ihren Falten und Furchen. Dieses war die Landkarte aller Welten zu allen Zeiten, und was in Zeit und Ewigkeit geschieht, steht auf ihr verzeichnet zu lesen, die Schicksale der Länder und Städte und Menschen und alle Wege aus dieser Welt und die verborgenen Wege zu fernen Welten in fernen Zeiten. Und die Wege aus dem Irdischen zum Himmel: da ist der Weg Henochs und der Weg Mosches und der Weg Elijahus, auf denen sie zum Himmel aufgestiegen sind. Da steht jeglich Ding, wie es gewesen ist zur Stunde, da die Welt erschaffen ward, wie es heute ist und wie es sein wird dereinst. So ist da Sodom aufgezeichnet in seinem Stolze vor der Vernichtung, und da ist Sodom, wie es heute ist, vom Finger des Herrn berührt. Aber nur der König allein vermag in der Hand zu lesen. Und er auch hat mir darauf das Land gewiesen, das ihr das Reich der Götter nennet, und ich habe erkannt, wie es sich verzehren wird in seinen Eitelkeiten und mit sich reißen wird alle, die ihm nahen."

So sprach der Meister, und alle horchten auf, und der Klang der Wahrheit, der in seiner Rede tönte, pochte an ihre Herzen. So fragten sie weiter: „Nun sage uns, wo ist dein König?"

Einige aber wurden sogleich von ihrer alten Sucht nach dem Golde ergriffen und forschten gierig: „Siehe, wenn er im Besitze solcher Weisheit ist, möchte es wohl sein, daß er uns Wege zeigen kann, die in den Erdenschoß zum Orte des Goldes führen?"

Da ward jener zornig und rief: „Denket ihr noch immer an das Erraffen? Davon redet mir nimmer!"

„Ei", antworteten sie, „sag uns immerhin, wo dein König sich verweilen mag."

Er sagte: „Heute weiß ich auch nicht zu sagen, wo er ist. Aber ich will euch erzählen, was sich zugetragen hat." Und er sprach:

„Es waren ein König und eine Königin, die hatten eine einzige Tochter. An dem Hofe des Königs waren Meister mancher Künste und Kräfte. Der König, welcher der Herr der Hand, der Landkarte aller Welten und Zeiten, war, wußte den Ort jeder Kunst und Kraft, wo sie ihren Urquell hat, der aus den Tiefen der Ewigkeit fließt; und er wußte die Wege zu den Orten. Fühlte einmal ein Meister, wie die Gnade in ihm ermattete und die Dinge sich seinem Gebot nicht mehr fügten, dann sandte ihn der König an seinen Ort, seine Macht zu erneuern. So war da ein Sänger, der hatte die Gabe, bezaubernde Töne und Worte zu finden und mit ihnen allen Sinn zu ergreifen und alles Herz zu bewegen. Dem wies der König den Ort des unerschöpflichen Liedes, das aus sich selbst in sich zurückklingt und in dem das Blut aller Wesen rauscht. Da war auch ein Weiser, den führte der König zum Orte des Lichtes, wo sich die letzten Gründe auftun und keine Schicht dem Auge widerstehen kann. Und mir wies er den Ort der Seele, wo der Born des Feuers mir entgegen schlug und die Gewalt meines Gebetes sich in seiner Flut verjüngte. Und gleichermaßen verdankt jener Eroberer, vor dem ihr bangt, dem Könige die Vollendung seiner Unbezwingbarkeit. Denn ihn leitete er den Pfad zu der Stätte, wo das Schwert des Sieges in der Erde stand, dessen Anblick alles Lebendige niederwirft, das ihm den Weg versperrt. Der König gab ihm das Schwert. Aber von einer Zeit zur andern mußte er an seinen Ort zurückkehren und das Schwert in die Erde pflanzen, die es zu neuen Kriegen nährte und weihte.

Da aber die Königstochter heranwuchs, berief ihr Vater alle die Seinen, auf daß sie Rat hielten, wer ihr Gatte werden sollte. Und mein Rat war der, man solle sie dem Helden geben. So geschah es, und der Held und die Prinzessin hielten Hochzeit. Über eine Weile gebar die Königstochter ein Kind, das war ein lichtes Wunder der Schönheit, und ein Strahlen ging von ihm aus. Es kam mit vollendetem Wissen zur Welt, und nur die Sprache ermangelte ihm noch. Aber aus seinen Mienen war zu lesen, daß es jeglicher Rede innersten Sinn verstand, und auch die stummen Dinge blickte es an, als erzählten sie ihm etwas, und lachte sie an, nicht dem Augenblick erliegend, sondern wie aus großer und heimlicher Kunde.

Da begab es sich aber einmal, daß alle Leute des Königs zugleich gegangen waren, jeder nach seinem Orte, um seine Gabe zu erneuern. Um jene Zeit kam ein großer Sturmwind über die Welt und vermengte in seinem Toben die Elemente miteinander, machte das Meer zum Festlande und das Festland zum Meere und fruchtbare Menschenstätten zur ödesten Wüstenei. Brausend kehrte er auch in den Königspalast ein, hob das wunderschöne Kind der Königstochter auf seine Flügel und trug es in wirbelnder Eile von hinnen. Der König, die Königin, die Königstochter, alle eilten wehklagend ihm nach, aber in der ungeheuern Umwälzung der Elemente fand keiner den Weg, den das Kind hinweggeführt worden war, und so zerstreuten sie sich ziellos und irregeführt in alle Winde.

Indessen kehrte jeder von uns von seinem Orte zum Hause des Königs heim, einer nach dem anderen, und jeder fand es verlassen und jeder machte sich in seinem Schmerze auf, die Verlorenen zu suchen, und wartete nicht auf die Genossen. So sind wir alle voneinander gekommen und suchen einander in allen Weiten."

So sprach der Meister des Gebets und die Leute hörten seine Worte mit unendlicher Verwunderung. Sie besprachen sich untereinander und beschlossen, ihn bei sich zu behalten, damit er, wenn jener Held sich wahrhaftig als sein Freund erweise, bei ihm Fürsprache für sie tue. Denn schon waren dessen Boten ins Land gekommen und begehrten Unterwerfung. Indessen war der große Held selbst mit seinen Scharen dem Lande des Reichtums näher und näher gezogen, und während seine Boten noch mit den Mächtigsten des Reiches Zwiesprache hielten, lag er schon mit den Seinen vor den Mauern und harrte des Entschlusses. Als sich nun die Reichen an den Meister um Schutz wandten, sprach er, er wolle in das Lager des Helden gehen, ob er in ihm seinen einstigen Freund erkenne. Und also tat er und traf auf einen der Kriegsleute und begann ein Gespräch. Er fragte: „Welches sind eure Gepflogenheiten und wie ging es zu, daß ihr euch diesem Manne untertan gemacht habet?" Da hub der Soldat eine Erzählung an und berichtete, wie das große Ereignis jenes Sturmwindes über die Kinder der Welt hereingebrochen war.

„Nachdem die Gewalt des Unholdes sich gesänftigt hatte", sprach er, „und die Menschen ihren gewohnten Heimstätten entfremdet und zerstreut hilflos dastanden, bedachten sie, daß sie eines Lenkers bedürften, und sannen, wen sie zu ihrem Könige erheben möchten. Und alle wurden sie einig, daß der, der dem Zwecke des Lebens am nächsten stünde, ihrer aller Herr sein sollte. Was aber der wahre Zweck des Lebens sei, darüber waren der Meinungen viele und unterschiedene. Und sie konnten zu keinem Frieden und zu keinem Beschlusse kommen. Die einen meinten, in der Weisheit das Ziel zu finden; denn was können einem, so sagten sie, alle Dinge Besseres geben, als von ihm erkannt zu werden?

Andere aber warfen dagegen auf, die Weisheit sei eitles Spiel ohne das Wort und verzehre sich in ihren eigenen Kreisen, wenn sich zu ihr die Rede nicht geselle, die sie in das Reich des Wirkens und Geschehens führe; das Wort sei des Lebens Sinn.

Da gab es nun wieder eine Schar, die erklärte, alles Wissen und Sagen komme von anderem oder gehe zu anderem; aber ganz im Eigenen, von keinem Fremden berührt, walte nur die Schönheit, die ewig in sich selber ruhe; sie allein sei zu suchen, ihr allein zu dienen, der allezeit sich erneuernden Blüte der Welt.

Aber andere riefen dazwischen, die Schönheit sei gar nicht wirklich da, ohne einen, der sich ihrer freue; und sie sei ganz und gar nichts als ein Ding und Gebilde der Freude, geheimnisvoll aus Freude geboren, wundersam Freude zeugend allerorten, von Freude umschlossen; Freude sei die Sonne, in deren warmem Licht sich das Leben vollende.

Doch waren da wieder einige, die hörten solchem verächtlich und mit gepreßten Lippen zu; und alsbald ließen sie sich vernehmen, es sei töricht, solchen flüchtigen und bestandlosen Eitelkeiten zuzustreben; das wahre Ziel des Lebens sei der Tod, und in seiner Luft zu atmen alle Erdentage die einzige Würdigkeit des Daseins.

Ihnen jedoch erwiderten welche, der Tod setze nur dem Tatenlosen die Schranke seiner Bahn; wer aber sein Werk schaffe und Ehre gewinne, der könne nicht vernichtet werden, denn er stelle sich fernsten Geschlechtern als Bild in die reinsten Stunden ihres Lebens ein und mache sich zum nie verlöschenden Stern urkünftiger Menschenzeiten; Ehre sei der Zweck des Seins, weil sie es mit der Ewigkeit binde.

Solchermaßen stritten sie alle um das Ziel, sieben Tage und sieben Nächte lang, bis es ihnen offenbar wurde, daß da kein Band und keine Brücke war von den einen zu den anderen. Und jede Schar machte sich auf, eine nach der anderen, und jede zog ihres Weges, sich ein Land und einem König nach ihrem Sinne zu erwählen."

„Ich aber", so sprach der Kriegsmann zum Meister des Gebetes, „und meine Gefährten, eine große Schar, wir waren starke Männer, aber des Redens ungeübt, und wir hatten nicht teil an dem Streite. Doch konnten wir uns an keines der Völker schließen, denn wir fühlten es in unserem Blute und im Schlag unserer Herzen, wie ohne die Kraft das Leben des Sinnes ermangeln würde, wie sie allein es uns wert macht, da zu sein, und über sie hinaus war für uns nichts zu sehen, als sie zu üben und in ihr zu wirken und sie zur Herrin über die Erde zu erheben. Und als die anderen aufbrachen, da machten auch wir uns auf und zogen dahin, und jede lebendige Kreatur trat zur Seite und verbarg sich, wenn wir so kamen.

Eines Tages aber trat uns ein junger Held entgegen und forderte in ruhevollen Worten Unterwerfung. Und da wir uns weigerten, erhob er ein ungeheures Schwert und hielt es uns entgegen, und der Anblick allein beugte uns insgesamt zur Erde. Wir gelobten ihm Treue, und er trat die Herrschaft über uns an, und seitdem ziehen wir ihm siegend nach von Land zu Land. Aber seltsam, unser Herr sagt, nicht Kraft und Eroberung bedeute ihm den Zweck der Welt; der sei ein anderer, und sein Weg leite zu einem andern Ziel. Uns jedoch ist seine Meinung und sein Wille dunkel, wiewohl in dieser Zeit eine Liebe zu unserem Herrn unsere Herzen berührt und sehend gemacht hat, also daß wir in manches blicken, was uns ehedem verschlossen war, und die Welt uns weiter und heller erscheint."

Als der Meister alles vernommen hatte, begehrte er, vor den Helden geführt zu werden, und so geschah es, und sie erkannten einer den andern und umfaßten einander. Aber der Schmerz um die Verlorenen war über ihnen. Und der Held begann von seinem Schicksal zu reden und sprach:

„Als ich damals, nachdem der Sturm die Welt verwüstet hatte, von meinem Zuge zurückkehrte, fand ich mein

Haus verwaist und alle meine Nahen waren mir verschollen. Da gebot ich meinen Schritten nicht mehr den Weg, sondern irrte im Zufall umher. Und wie ich so schweifte, kam ich an einen Ort, da wurde meinem Herzen aus sich selbst die Gewißheit, hier müsse der König weilen, und ich suchte, aber ich konnte ihn nicht finden. Da zog ich weiter. Und ein andermal fühlte ich die Nähe der Königin, und so habe ich auf meinen Wegen die Stätten aller Teuren betreten, ohne einen zu finden. Deinen Ort aber habe ich nicht gesehen, und meine Schritte haben die deinen nicht gekreuzt."

Der Meister antwortete: „Auch ich bin über all die Orte gegangen, an denen die Unseren sich verweilt hatten, um zu klagen, und an jedem Orte war die Klage in das Gezweige der Bäume und in die Kehlen der Vögel eingezogen, und so rauschte und sang sie zu mir hernieder. Und auch über deinen Ort bin ich gegangen.

Denn auf einem Hügel lag ein goldener Glanz gebreitet und wich auch in der Dämmerung nicht, und der Glanz malte auf die steinige Hügelspitze die Gestalt einer Krone. Da wußte ich, hier hat der König gewohnt, und hier lag seine Krone neben ihm, die an keinem Orte weilen kann, ohne ihm ihr Bild zu lassen. Und von ringsumher kam aus der Luft die hohe Klage zu mir, mächtig und einsam wie das Tönen einer erzenen Glocke. Aber des Königs Spur konnte ich nicht finden.

Und weiter ging ich über eine weite Sandlände, da gewahrte ich am Boden große blutige Tropfen, die standen auf dem Boden und versickerten nicht und trockneten nicht, und in ihnen war es wie der Blick zweier Augen, der drang zu mir empor. Und ich wußte, daß dies die Tränen der Königin sind, die sie aus ihrem Blute geweint hat. Und durch den Sand wisperte die Klage, leise und gebrochen. Aber die Königin war nirgends in der weiten, offenen Fläche zu erschauen.

Ich ging von hinnen, und an einem Morgen traf ich auf einen Bach, über dem floß ein dünner milchiger Streifen, der sich mit dem Wasser nicht vermischte. Und aus dem Bache summte es hervor, still und zärtlich voll, ein weiches, klagendes Wiegenlied, das niemals endete, und scheinbar ohne Wandel in gleichem Maße dahinfliegend, doch immer neue Klänge aus sich gebar. Und ich wußte, die Milch war der Brust der Königstochter entsprungen, als sie dastand und sich um ihr Kind härmte. Aber sie selbst war nicht da.

Später kam ich in einer Heide an einen riesigen Stein. Ich ließ mich neben ihm nieder und gewahrte, daß er mit Zeichen bedeckt war, und erkannte Linien und Wege, ähnlich denen, die in der geheimnisvollen Hand des Königs eingeritzt waren. Hier war der Weise des Königs gewesen und hatte versucht, die Tafel der Welten nachzubilden. Und auch aus dem stummen Steine sprach die Klage mit gewaltiger tonloser Stimme, aus allen Furchen wehevoll hervorbrechend.

Ein ander Mal gelangte ich auf steilem Grat zu einem Ort, wo der Abgrund sich blicklos in das Dunkel hin auftat. Aber das Dunkel war nicht leer, sondern ein Klingen schwebte darin wie von einer Harfe, und schwang dahin in den Raum, und verfing sich im Schrankenlosen, und kehrte wieder, und war wie eines Herzens Pochen und wiederkehrender Schlag, ein großes Saitenspiel im Dunkel, ein Gesang der Klage. Hier hatte der Sänger des Königs gestanden, und sein Lied hatte den Abgrund gefüllt.

Dann kam ich an eine Wiese, in der ein einziger weitgedehnter Baum stand. Darunter war die Erde aufgewühlt, wie von dem Stoße eines ungeheuern Schwertes. Und aus der Öffnung stieg ein fernes Raunen der Klage. Da erkannte ich deine Gegenwart.

Aber an einem anderen Tage führten mich meine Schritte in ein Waldtal. Da sah ich auf grauem Moose ein Löckchen sonnenblonder Haare liegen, und es war ein Licht an ihnen, als hätten sie die Sonne in sich getrunken. Und rings um mich zwischen den Büschen war ein sanftes Wandeln von nackten Kinderfüßen, und das Gras neigte sich zu beiden Seiten des Wandelns. Aber es war keine Gestalt dazwischen. Und in den Büschen war eine Rede, nicht wie Klage, sondern wie das klare und friedliche Sagen eines Kindes, das aller Zukunft sicher ist. Aber die Rede kam von keinem Munde, sondern hing und flatterte über den Büschen wie Sommerfäden."

Der Held erwiderte: „Über all diese Orte bin auch ich gegangen, aber bei den goldenen Haaren meines Kindes habe ich geweilt und habe geweint, und sieben von ihnen habe ich mit mir genommen, sie leuchten in den sieben Farben des Regenbogens und sind mein Trost auf allen meinen Wegen.

Als ich mich erhob und weiter zog, traf ich auf eine Schar starker Leute, die habe ich bezwungen und mich an ihre Spitze gestellt, um die Welt für meinen König zu erobern."

Da entsann sich der Meister der Leute im Lande des Reichtums, und er erzählte dem Helden von dem Wahne, der sie befallen habe, und wie tief sie von ihrer Sucht besessen seien. Er klagte ihm, es dünke ihn ein schier unmögliches Beginnen, ihren Sinn zu wenden. „Denn", so sagte er, „wo immer der Mensch sich daran hängt, etwas zu sein oder etwas zu wirken, da bleibt seine Wurzel im Menschlichen, und aus seiner Wurzel kann er heil werden, und worin immer er sich bindet, im Wissen oder im Worte, in Schönheit oder in Freude, in Tod oder in ewiger Ehre, er vermag durch sich selbst gelöst zu werden und sein Leben zu gründen; wo aber der Mensch sich an den Trug hängt, etwas zu haben, da reißt er seine Wurzel aus dem Menschlichen, und sie saugt ihm kein Heil mehr aus der Menschenerde, und ich weiß ihm keine Hilfe."

Der Held sprach: „Ich habe einstens von unserem Könige gehört, daß es möglich sei, Menschen aus allen

Irrungen zu befreien, nur aus der Irrung des Goldes nicht. Für die, so dieser verfallen sind, gebe es nur ein Heil: sie müssen den Weg des Ortes geführt werden, von dem das Zauberschwert seine Kräfte leiht."

Da mußten sie beide wieder denken, wie mit dem König und den Seinen auch die Hand verschollen sei, die Tafel der Welten und Zeiten, und wie der Sturmwind die Wege zu den Orten verschüttet habe, an denen die Kräfte sich erneuern, und die Hand ist nicht da, und der König ist nicht da, die neuen Wege zu verkünden. Und der Schmerz überkam sie mächtiger als je vordem.

Dann bat der Meister um Frist und Aufschub für das belagerte Land, dessen sein Herz sich erbarmt hatte, und der Held gewährte sie. Die beiden vereinbarten noch Zeichen, mit denen sie einander Kunde geben wollten, wenn etwas geschähe, was der eine den andern möchte wissen lassen. Sodann schieden sie, und der Meister zog seines Weges.

Indessen hatten die Leute im Lande des Reichtums, um die Gefahr zu wenden, mehrere von denen, die nicht so viel besaßen, daß sie in ihren Augen die Würde eines Menschen erreicht hätten, ergriffen und sie den Reichen, die ihnen Götter dünkten, als blutiges Opfer geschlachtet. Als sich aber auch dieses Tun als fruchtlos erwies und sie nach wie vor Morgen für Morgen am Fuße ihrer Befestigungen die Schar des Helden in gewaltiger Ruhe gelagert erblickten, beschlossen sie, die gewährte Frist auszunützen und nunmehr Boten in jenes Land zu entsenden, dessen Reichtum so unendlich war, daß seine Bewohner für sie allesamt als Götter galten.

Die Boten zogen aus, wichen aber versehentlich vom rechten Wege ab und verirrten sich. Indem sie suchend in der Welt umherstreiften, begegneten sie eines Tages einem Menschen, der trug in seinen Händen einen goldenen Stab, über und über bedeckt mit funkelnden Steinen, von denen ein Strahlen ausging wie von einem der großen Sternbilder. Sein Hut war mit Perlenschnüren umwunden, die die Schätze aller Meere in sich zu sammeln schienen. Alle Reichtümer ihrer eigenen Götter und die jenes Landes, das sie suchten, zusammengenommen waren wie ein Kinderspiel gegen den unermeßlichen Wert der Kleinodien, die der Fremde an sich trug. Bei seinem Anblick sanken sie mit den Gesichtern in den Staub und sammelten Worte der Anbetung, denn was konnte ihnen die Erscheinung anderes bedeuten als den Gott über alle Götter? In Wahrheit aber war es der Schatzmeister des Königs, der damals, als der Sturmwind das Angesicht der Erde verwandelte, die Schätze seines Herrn geborgen und sie seither bewacht hatte. Er ließ sie aufstehen und als sie ihn angstvoll fragten, wer er sei, gab er ihnen Bescheid. Da flehten sie ihn an, er möge ihnen den Königsschatz zeigen. Er führte sie in die

Berghöhle, wo die Schätze unübersehbar auf silbernen Tischen aneinandergereiht lagen.

Da redeten die Boten zueinander: „Wozu sollen wir noch zu jenen Göttern gehen? Lasset uns diesen bitten, daß er mit uns ziehe, denn sicherlich ist er mächtiger als alle Götter, die wir kennen."

Als sie solche Bitte vor ihn brachten, war er bereit, mit ihnen zu gehen und befahl ihnen, die Schätze zu nehmen und auf ihre Gefährte zu laden. „Aber achtet wohl darauf", rief er ihnen zu, „dieser Dinge, die der Schmuck der Erde und ein zartes Gewand des Lebens sind, nicht nach Geldesart zu begehren, denn wo einer nach ihrem Besitze verlangt und das edle Gut, das geschaffen ist, Schönheit zu sein und Freude zu wirken, zu eitlem Haben mißbrauchen will, zerfalllen sie zu Staub vor den gierigen Augen." Das vernahmen die Boten mit unendlichem Staunen, und es währte lange, bis sie den Sinn der Worte erfaßt hatten; dann nahmen sie die Schätze auf und traten mit jenem den Heimweg an. Auf der ganzen Fahrt betrachteten sie die auf den Wagen ausgebreiteten Reichtümer nur verstohlen, mit scheuem und angstvollem Blick, und wenn eines der Juwele sich verschob, wagten sie kaum, es zurecht zu legen.

Im Lande des Reichtums wurden sie mit rauschender Freude empfangen, denn nun wähnten dessen Insassen, vor dem Helden geborgen und sicher zu sein, da sie den Gott aller Götter in ihren Mauern bargen. Der Schatzmeister aber, der das Irren des Landes erkannt hatte, erließ Gesetze, um ihm zu steuern, und verbot den Götterdienst und die Opfer und die Erniedrigung der Besitzlosen, aber was er auch unternahm und wie er die Leute beredete, es gelang ihm nicht. Da sie ihm aber unablässig von dem Helden sprachen und baten, er möge sie von der Gefahr befreien, ging er in das Lager hinaus und ließ sich vor den Feldherrn führen.

Alsbald erkannten sie einander in großer Freude. Nach einer stillen Weile begann der Held zu reden und erzählte ihm von allen Dingen, die geschehen waren, und auch von dem Meister des Gebetes erzählte er ihm. Dann sprachen sie von dem Lande des Reichtums, und der Held tat seinem Freunde jene einzige Befreiung kund. Da bat der Schatzmeister ihn um neuen Aufschub, und er gewährte ihn. Auch sie setzten noch Zeichen der Botschaft fest, dann trennten sie sich.

Der Schatzmeister aber kehrte in das Land des Reichtums zurück und sprach zum Volke: „Nehmet von mir den Rat, wie ihr vor dem Helden bestehen könnet! Fern über Fernen, hinter weiten verschollenen Wegen liegt in dämmerndem Zauber der Ort, von dem das Schwert des Helden seine Kraft und sein Geheimnis nimmt. Diesen Ort müssen wir suchen, und ihr sollet an ihm frei werden in großer Macht, und ewige Gewalt empfangen, in der alle Wehr und aller Sieg beschlossen ist." Des waren die Leute wohl zufrieden, und sie erbaten von ihren vielgelobten Göttern, den Reichsten des Landes, daß sie selbst den Schatzmeister begleiten sollten.

Der aber ließ den Helden seinen Willen und seine Absicht wissen, und im Grauen des nächsten Morgens kam der Held verkleidet zu ihm und schloß sich ihm an. Und auch dem Meister des Gebetes entboten sie Kunde, und auch er kam, um mit ihnen zu gehen, und umfaßte den Genossen in lichter Freude, und nun zogen sie mit den Boten des törichten Landes dahin. Da aber von der Zeit des Sturmwindes her die Erde mit all ihren Wegen verwandelt war, beschlossen sie, so lange von Reich zu Reich zu gehen, bis sie an den rechten Ort kämen.

Nach manchem Wandertage sahen sie die weithingestreckte Mauer eines Landes vor sich. Sie hielten einen Mann an und fragten ihn, welches Land dies sei. Der Mann erzählte: „Als das große Wetter die Erde heimgesucht und ihre Essenzen vermischt hatte, veruneinigten sich die Scharen der Menschen und kamen in Streit mit-

einander um den Sinn des Lebens. Und jede Schar ging ihres Weges, ein Volk zu sein für sich und sich einen König nach ihrer Meinung zu erwählen. Und auch wir, die wir erkannt hatten, daß einzig die Weisheit Ziel und Grund alles Bestandes ist, taten also und zogen über die Fläche der Erde, um den Weisen und Wissenden zu suchen, der unser Herr sein sollte. So trafen wir auf einen, der saß da mit zurückgeworfenem Haupte und schaute zu den Sternen.

Da fragten wir ihn: ‚Bist du der Weise, der die Welt weiß, also daß seinem Auge kein dunkler Rest standhält, vor seinem Forschen keine Bahn sich verliert, seinem Gedanken die Elemente zulaufen wie die Schafe dem Rufe des Hirten?'

Er antwortete: ‚Ich weiß um das Leben der Sterne. So weiß ich die Welt.'

Aber wir sprachen weiter: ‚Und wenn das Beben über die Sterne kommt am Tage der Erneuerung und sie in Stücke schlägt, was weißt du dann?'

Da schwieg er und gab uns keine Antwort. Und weiter trafen wir auf einen, der lag am Strande und schaute in das Meer, und wir taten unsere Frage.

Er sagte: ‚Ich weiß um das Leben des Meeres. So weiß ich die Welt.'

Da fragen wir ihn: ‚Und wenn die Sonne das Meer trinkt am Tage der Wende, was weißt du dann?'

Darauf schwieg auch er, und wir zogen weiter. So trafen wir manchen Weisen in seinem Schauen, und eines jeden Weisheit zerschellte an unserer Frage. Einmal aber erblickten wir auf unserem Wege einen alten Mann, der saß auf einem Steine, und seine Augen waren weit und schauend offen, aber auf kein Ding oder Wesen im Raume vor ihm gerichtet, sondern es war ein Schauen, das in sich selbst beschlossen und umfriedet war.

Ihn fragten wir: ‚Bist du der Weise, der die Welt weiß?'

Da sah er auf zu uns und sprach: ‚Ich weiß um meine Seele. Und sie ist das Firmament, das niemand zerbrechen kann. Und sie ist die See, die niemand verschlingen kann.'

So neigten wir uns vor ihm und baten ihn, unser König zu sein. Da sah er uns wieder an, und dann ging er mit uns, und wir nahmen uns dieses Land zu eigen."

Da wußten der Meister und seine Leute, daß jener Weise der verlorene Ratgeber des Königs sein müsse. Sie ließen sich ihm melden, und er kam ihnen entgegen und begrüßte sie in Freuden. Und sie besprachen sich mit ihm über alle Dinge, die geschehen waren und geschehen sollten. Als sie ihm von dem Lande des Reichtums erzählten, sagte er zum Meister: „Es ist wahr, daß die vom Golde Betörten durch den Weg zu heilen sind, der zum Orte des Schwertes führt. Aber du mußt sie über diesen Ort hinausführen, bis du an einen hohen dunklen Berg gerätst. Wenn du ihn mit wachsamen Augen umschreitest, wirst du eine schmale Spalte gewahren, eben so weit, daß ein Mensch durch sie Eingang finden kann. Über diese Türe wirst du riesenhafte Vögel in den Lüften ruhen oder sich bewegen sehen, und daran magst du die rechte Stätte erkennen. Die Tür führt zu einer Höhle. In dieser Höhle ist eine Küche, darin in erzenen Kesseln seit Urbeginn die wahre Speise des Menschengeschlechtes bereitet wird. Feuer wirst du nicht gewahren; es strömt aus den Feuerbergen der Erde in tiefen, unsichtbaren Gängen dem Orte zu. Die Vögel in den Lüften fachen es mit ihren Schwingen an oder sänftigen es, je nachdem es nottut. Die Speise, die das Feuer kocht, ist es, die den Wahn löst. Doch wisse: nur wer aus eigenem Willen den Ort betritt, wird an ihm heil."

Das Wort war dem Meister schwer, und er und der Weise sprachen zu den Reichen, um den Willen in ihnen zu wecken; und der Weise sprach in großer Klarheit von der Nichtigkeit des Geldes, das nur ein leeres Gebilde des Tausches zwischen Menschen sei und in sich keinen Wert und keine Würde habe, sondern Wert und Würde nur von den schönen und erfreulichen Dingen empfange, die es zusammenbringe oder voneinander trage; und der Meister sprach in heiliger Kraft und Glut, wie alles Eigentum an Dingen eitel und bestandlos sei und allein die Seele, die alles Haben von sich abtue, das wirkliche Leben besitze.

Diesen Worten lauschten sie achtsamer als in früherer Zeit, aber wie einer Botschaft in einer fremden Sprache, aus deren Dunkel nur hier und da ein verständliches Wort hervorklingt, und sie waren zum Willen nicht zu bewegen. Da war der Meister tief betrübt, und es war ihm nahe, umzukehren. Aber der Weise sagte: „Laß es dich nicht verdrießen. Ich weiß, der Morgen ist nicht fern, da der Wahn der Erde von ihr gehoben wird wie ein Alptraum der Dämmerung. Und wenn uns auch der Weg nicht bekannt ist und wir ihn kaum also in den Weiten suchen können, wie ein Blinder sich seinen ertastet, laß es dich dennoch nicht verdrießen, weiter zu gehen, und der Weg wird dir gegeben werden. Und auch mich laß mit euch gehen. Wisse aber, daß ich die Hand, die Tafel der Welten, aus dem Sturm gerettet habe, und ich habe sie verhüllt, und nie begehrte ich sie anzusehen, denn dies ziemt allein dem Könige, dem allein die Kraft gegeben ist, in ihr zu lesen. Auch sie will ich mit mir nehmen, daß sie in meinem Schutze bleibe." So zogen sie denn alle vereint von dannen.

Nach einer Zeit kamen sie wieder an ein Land, und wieder befragten sie einen Mann, dem sie an der Mauer begegneten. Er erzählte: „Als das Wirrsal um den Sinn des Lebens die Menschen auseinander trieb, waren ich und mein Volk die, denen das Wort über alles teuer und bedeutend erschien. Und wir zogen von Stätte zu Stätte, um den Herrn des Wortes zu suchen, der unser König sein sollte. So kamen wir an einen Markt, da stand auf der Rednerbühne ein Mann, der redete zur Menge, und sein Wort schien auf den bloßen Herzen zu liegen wie die Berührung seiner Hand. Und wir sprachen zueinander: ‚Nun werden sie hingehen wie eine große Welle und nach seinem Willen tun!'

Aber als er vollendet hatte, verließen ihn die Leute gemächlich und gingen ihren Geschäften nach wie vordem, und sein Wort schwebte kaum noch über ihrer Haut. Ein andermal kamen wir an einen Garten, da saßen viele Jünglinge um einen Mann im Kreise, und er lehrte sie und erklärte ihnen die Dinge des Himmels und der Erde, und sein Wort war wie ein Feuerstrom. Und wir sprachen zueinander: ‚Nun wird sein Wort in sie dringen und Wogen brennender Wahrheit zeugen.'

Aber als er geendet hatte, legte einer dem anderen Fragen vor, und der gab Antwort nach der Antwort des Meisters, denn das Wort war in ihren Sinnen starr und lahm geworden und lag wie schwere Schlacken da. Und so geschah es uns noch manches Mal.

An einem Morgen aber kamen wir an eine Waldlichtung, da lehnte an einem Baume ein Mann und sang vor sich hin, in einer sonderlichen Weise; denn er sang und sang, und dann schwieg er, da rauschten die Bäume ihm ein Schwesterlied, und als es erlosch, kamen große Stim-

men von den Felsen her, und wieder begann er, und da schwiegen die Dinge und lauschten, aber wie er innehielt, wurde ein Vogel gehört und bald ein Chor von Vögeln, und ihrem Verstummen antwortete der Bach und sang. So war des Mannes Lied um ihn und lebte allerorten und war doch stets anders und neu, denn jedes der Dinge hatte seine eigene gute Art. Und die Dinge und Wesen gaben den Sang weiter, und die Luft selbst wurde zu einem singenden Munde und trug das Lied in die Welten. Und auch uns erfaßte Lust, es zu singen, und es kam auf unsere Lippen, und unser Herz war voll davon. Und es war noch in uns, als wir uns vor ihm neigten und ihn baten, als unser König mit uns zu kommen."

Da wußten der Meister des Gebetes und die Seinen, dies konnte kein anderer sein als der Sänger des Königs, und sie ließen sich zu ihm führen. Und sie begrüßten einander in Freuden. Und als er die Absicht ihres Weges erfahren hatte, zog auch er mit ihnen.

Mitsammen kamen sie nach langer Fahrt wieder an die Grenze eines Landes, und wieder befragten sie einen seiner Bewohner. Er sprach: „Wir sind die, denen in jenen Tagen des Widerstreites offenbarer als je ward, daß nichts der Schönheit gleicht, die in den Wirbeln beharrt und allen Ansturm wandellos überwindet. So beschlossen wir, die Erde zu durchziehen und ein Wesen der Schönheit zu suchen, um in seine Hände die Herrschaft über uns zu legen. Aber die Zeiten gingen dahin, und noch irrten wir herrenlos umher. Denn allüberall war der Friede der Stirnen versengt von der Gier und der Wohlklang der Hände zerstört durch den Kampf, und die Angst der Seele hatte die Haltung zerrissen, und die Augen waren trübe von sinnlosen Bildern.

So waren wir schon nahe daran, an unserem Ziele zu verzweifeln, als wir in einer menschenleeren Wildnis auf eine seltsame Frau stießen. Sie saß in silbergrauem Gewande allein in der Wildnis, und ihr Angesicht war weiß und regungslos. Nie hatten wir eine solche Schönheit geschaut und nie einen solchen Schmerz, wie er über ihr war, also daß sie ganz und gar ein Ding des Schmerzes schien. Aber er rührte nicht an ihre Schönheit, die aufrecht und unbeweglich weiterblühte. Wir knieten vor der Frau nieder und sprachen unsere Bitte aus, sie möge unser Herr und König werden. Dreimal mußten wir unsere Bitte sprechen, ehe sie uns hörte. Beim dritten Male neigte sie ihr Haupt, mehr ihrem Schmerze gehörend als irgend einem Dinge der Welt. Und so ist sie seither geblieben, huldvoll uns gebietend, huldvoll Rat gewährend, verharrend in unbezwingbarer Ferne."

So wurde die Königstochter gefunden, und wie einen wundersamen Trost empfing sie den Gruß der Getreuen. Und auch sie zog mit den Leuten ihres Vaters dahin, denn über aller Absicht des Weges ward in ihr wie in ihnen das Gefühl der Bestimmung ihrer Schritte und der Wiederbringung alles Verlorenen mächtig.

Es währte eine Zeit, da kamen sie an ein Land, das lag da in Schweigen, und nur mit Mühe konnten sie von einem der Insassen Bescheid erlangen. Er sprach: „Dieses hier ist das Land des Todes, und wir, die wir hier leben, leben unter den Flügeln des Todes. Denn als die anderen Menschen die Gewalt des Endes nicht erkennen wollten, sagten wir uns von ihnen los und zogen aus, den Gesalbten des Todes zu suchen. Aber es war uns lange nicht gewährt, ihn zu finden. Denn wie von uns selbst, ob wir uns auch schon seit Jahren geweiht und bereitet hatten, keiner so vollkommen war, daß er nicht in dieser oder jener Weile einen Augenblick lang den Arm des Lebens um seinen Nacken fühlte, so war überall in der Welt nicht einer, der ganz in den Händen des stummen Herrn gestanden hätte. Die er erfaßt hatte, wehrten sich wie Ertrinkende, und die sich selbst ihm hingaben, waren wie arme betäubte Motten vor dem Lichte; keiner aber wußte mit aller Seele in seinem Dienste zu leben und allen Sinn des Lebendigseins von ihm zu empfangen.

Doch einmal trafen wir am Rande einer Felsenhöhle ein Weib in weißem Haar, das stand starr und ragend, und wir sahen, daß es in den Händen des Todes stand. Auch schien es nicht zu atmen, und so erscheint, wer die Luft des Todes atmet. Und von seinen Augen fielen blutige Tränen auf das Gras vor der Höhle, die töteten alle Halme und drangen in das Herz der in der Erde umhertastenden Keime und töteten sie, und alles Lebendige vor den Füßen des Weibes war verzehrt. So nahmen wir es auf unseren Königswagen und brachten es hierher und gründeten unser Land.“

Der Meister und die Seinen ließen sich vor die Königin führen und neigten sich über ihre Hände, und die Königstochter legte ihre Arme um ihren Hals. Doch sie erwachte aus ihrer Starrheit nicht. Aber als der Meister von dem Wege sprach, den sie gingen, und wie das Ziel ihnen heller werde von Pfad zu Pfad, erhob sie sich, um mit ihnen zu gehen.

Mitsammen kamen sie wieder an ein Land, da erzählte ihnen einer, an den sie sich mit ihrer Frage wandten: „Wir sind die Diener der Ehre. Als wir uns von der übrigen Welt getrennt hatten, wollten wir einen Sohn und Erwählten der Ehre zu unserem Könige machen. Und wir forschten, wer so rein und gerade auf seinem Rechte throne und sein Haus errichtet habe auf dem Sinne künftiger Zeiten, daß er würdig wäre, unser Herr und der Priester unseres Gottes zu sein. Aber da war niemand, dem solches zukam in unseren Augen, denn jedes Pfeiles Scheibe und jedes Pflugmessers Acker war die grelle, klirrende Gegenwart. Bis die Sterne uns zu unserem Könige führten. Er saß auf einem Hügel und seine Krone lag neben ihm, aber sein Haupt leuchtete im Glanze einer größeren und unsichtbaren Krone. Sein Blick war hoch über den Dingen und tauchte in die künftige Zeit. Und die Dinge huldigten ihm ringsum in ihrem Schweigen. Der Wind ehrte die grauen Strähnen seines Bartes und das Geröll die Fläche seiner Sohlen. Und in seinen Augen spiegelten sich die Augen der Herrin Ehre, und auf seiner Stirn war der Kuß ihres Mundes. So ehrten wir zur Erde gebeugt den Staub zu seinen Füßen und erhoben ihn zu unserem Fürsten."

An der Schwelle des Palastes trat der König den Seinen entgegen, und vor seinem Gruße schmolz alle Starrheit. In aller Herzen entbrannte die Gnade des Augenblicks. Aber auch jetzt verließ sie das Bild des verlorenen Kindes nicht, und über der Flamme der Gnade schwebte die Wolke der Trauer. Da sprach der König: „Die Zeiten sind erfüllt und die Wege erschlossen, das Irren vollendet sich zum Wissen und der Mangel zur Fülle. So laßt uns nach dem Lande des Kindes ziehen."

Und sie zogen mit dem Könige dahin, festen Fußes und geraden Blickes, und kamen auf dem Wege, den er ihnen wies, in ein Land, das war das Land der Freude. Und sie wurden von dem Volke des Landes in Freuden empfangen. Dieses war das Volk, das in den Tagen des Widerstreites sich der Freude angelobt hatte und in die Welt gegangen war, sich den Frohen der Frohen zum Könige zu erwählen.

Aber da war nirgends ein Lachen, auf dem eine Seele einherfuhr, denn jedes war brüchig und der Bitterkeit offen. Und so suchten sie eine lange Zeit. Aber an einem Morgen kam ihnen auf der Landstraße ein Kind entgegen gelaufen, das lief allein und lachend, mit strahlenden Locken, und breitete die festen, kleinen Arme im Morgenwind. Und es blickte all die stummen Dinge auf der Landstraße an, die Bäume und die Kieselsteine, als erzählten sie ihm etwas, und lachte sie an, nicht dem Augenblick erliegend, sondern wie aus großer und heimlicher Kunde.

Da sprachen die wandernden Leute zueinander: „Wo ist auf Erden eine Freude wie diese? Alle Menschen lachen über irgend ein Geschehen, und ihr Lachen zerschellt an irgend einem anderen Geschehen. Aber dieses Kind lacht seinem Leben zu, als trüge es in sicherem Sinne alles, was geschehen wird, und seine Freude nährt sich vom Glanze der künftigen Dinge." Und sie erkoren das Kind zu ihrem Herrn.

Das erzählten sie nun dem König und den Seinen. Und während sie noch sprachen, kam das Kind selbst einhergelaufen, lachend, mit strahlenden Locken, und breitete seine Arme dem Könige entgegen.

Dieses war die Stunde der Freude. Die närrischen Götter aus dem Lande des Reichtums standen da und gafften und konnten ganz und gar nicht verstehen, welches Glück ihre Begleiter überkam, da sie doch nirgends Gold oder Goldeswert empfangen hatten.

Doch auch ihrer wurde gedacht. Der Weg zum Orte der Höhle, in der die heilende Speise bereitet wird, war nun erschlossen, denn die Hand, die Tafel der Welten, war enthüllt, und der König las in ihr wieder wie vordem. Aber der König bestätigte das Wort des Weisen, nur wer aus eigenem Willen den Ort betrete, werde an ihm heil. Und so redeten all die seligen Genossen zum Herzen der Männer aus dem Lande des Reichtums, um den Willen in ihnen zu wecken. Jedoch keines ihrer Worte vermochte in den starren Herzen Wurzel zu fassen.

Da geschah es aber, daß von den Reichen einer etliche der Goldmünzen, die er bei sich trug, zu Boden fallen ließ. Und das Kind richtete seine Augen darauf, und die glitzernden Scheiben gefielen ihm, und es nahm sie auf und warf sie in die Luft und lachte. Da fiel der Same des Lachens in die starren Herzen und keimte in ihnen auf. Und die Männer sprachen zueinander: „Wie geht das zu, daß unsere Seele auf diese blanken Dinger gestellt ist?" Und sie entsetzten sich, und eine Angst vor dem Innern ihres Lebens beschlich sie, und es erschien ihnen toll und ohne Sinn. Aber sie konnten sich nicht losmachen. Und sie riefen zum Meister des Gebetes mit lauter und flehender Stimme: „Bringe uns hinaus!" So nahm der Meister die Leute aus dem besessenen Lande mit sich und beschritt mit ihnen den Weg und führte sie in die Höhle und gab ihnen von der Speise zu essen. Da erst wurde die ganze Scham des Geldes in ihnen wach, und sie warfen alles Gold, das sie bei sich trugen, wie etwas unsäglich Schmachvolles von sich, und so groß war ihre Scham, daß sie sich auf der Stelle, wo sie standen, mit ihren Händen in die Erde wühlen wollten, um sich zu bergen. Aber der Meister richtete sie durch seinen Zuspruch auf und hieß sie von der Speise nehmen und in ihr

Land bringen, daß alle davon kosteten und geheilt würden. Und so geschah es, und die Scham entbrannte im Lande des Reichtums. Und auch die kleinen Leute, die Tiere und Vögel geheißen hatten, schämten sich dessen, daß sie bisher in den eigenen Augen so klein gewesen waren, weil sie kein Geld hatten.

Da aber die Wege erschlossen waren, ging jeder von den Leuten des Königs an seinen Ort, seine Kraft zu erneuern. Und da dies geschehen war und sie wieder Macht hatten über die Seelen des Menschengeschlechtes, sandte sie der König in alle Länder aus, allen Wahn zu heilen, alles Irren zu klären und alle Verwirrung zu lösen. Und die Völker wurden geläutert, und alle wendeten sich dem wahren Sinne des Lebens zu und gaben sich Gott zu eigen.

Die 1906 zum ersten Mal erschienenen „Geschichten des Rabbi Nachman“ sind eine der frühen Schriften des jüdischen Religions- und Sozialphilosophen Martin Buber (1878-1965). Der Text entstand in einer Lebensphase Bubers, in der er sich vor allem der Erforschung des jüdischen Chassidismus widmete. Im Rahmen dieser Studien war Buber auf eine Schülerniederschrift der „Geschichten“ gestoßen, die er dann überarbeitete.

Rabbi Nachman lebte und lehrte im 19. Jahrhundert in Polen. Er erfand und erzählte die (Lehr-)Geschichten, um dem im Schwinden begriffenen Chassidismus zu neuem Aufschwung zu verhelfen. Liebevoll beschreibt er die farbige, ein wenig exotische Welt der jüdischen Chassiden, schrullige kleine Szenen aus ihrem Leben, die dem Zuhörer Gut und Böse und ein rechtes religiöses Verhalten vermitteln sollen.

Ohne Inhalt und Form zu verändern, wurde der Text der Erstausgabe behutsam dem heutigen Verständnis angeglichen.

Die großen Initialen und fast alle Abbildungen wurden der „Londoner Haggada“ aus der Mitte des 15. Jahrhunderts entnommen, deren Faksimile-Nachddruck 1985 im Verlag Herder erschienen ist.
Seite 11: Jüdische Propheten, Könige und Älteste betrachten den Sternenhimmel, Miniatur aus einer mittelalterlichen Handschrift; Seite 14, 15: Ausschnitte aus zwei Sternbild-Miniaturen einer mittelalterlichen Astronomen Handschrift; Seite 17: Ausschnitt aus einer Miniatur aus den „Très Riches Heures“ des Herzogs Johann von Berry.